北京市哲学社会科学规划办公室
北 京 市 教 育 委 员 会
资助出版

思想政治教育研究书系

SIXIANG ZHENGZHI JIAOYU
YANJIU SHUXI

首都大学生思想政治教育研究基地研究报告(2019)

新时代大学生理想信念研究

田永静 —— 著

中央编译出版社
CCTP Central Compilation & Translation Press

图书在版编目（CIP）数据

新时代大学生理想信念研究 / 田永静著. —北京：中央编译出版社，2020.11

ISBN 978-7-5117-3881-3

Ⅰ.①新… Ⅱ.①田… Ⅲ.①大学生-思想政治教育-研究-中国 Ⅳ.①G641

中国版本图书馆 CIP 数据核字（2020）第 215929 号

新时代大学生理想信念研究

责任编辑	刘　溪
责任印制	刘　慧
出版发行	中央编译出版社
地　　址	北京西城区车公庄大街乙 5 号鸿儒大厦 B 座（100044）
电　　话	（010）52612345（总编室）　　（010）52612336（编辑室）
	（010）52612316（发行）　　　（010）52612369（网站）
传　　真	（010）66515838
经　　销	全国新华书店
印　　刷	北京紫瑞利印刷有限公司
开　　本	710 毫米×1000 毫米　1/16
字　　数	172 千字
印　　张	13.75
版　　次	2020 年 11 月第 1 版
印　　次	2020 年 11 月第 1 次印刷
定　　价	68.00 元

新浪微博:@中央编译出版社　　微　信:中央编译出版社(ID: cctphome)
淘宝店铺：中央编译出版社直销店(http://shop108367160.taobao.com)　（010）52612322

本社常年法律顾问：北京市吴栾赵阎律师事务所律师　闫军　梁勤
凡有印装质量问题，本社负责调换，电话：（010）52612322

前　言

在全球化已经成为当代社会生活本质特征的同时，世界处于百年未有之大变局。党的十九大报告指出，"国内外形势正在发生深刻复杂变化，我国发展仍处于重要战略机遇期，前景十分光明，挑战也十分严峻。"[①]育人为本、德育为先，"加强马克思主义中国化最新成果教育，引导学生形成正确的世界观、人生观、价值观；加强理想信念教育和道德教育，坚定学生对中国共产党领导、社会主义制度的信念和信心"[②] 的重要性日益凸显。

大学阶段是理想信念形成的关键时期，大学生的社会政治理想随着理性认知的成熟而逐渐趋于稳定成熟，同时又因外部社会环境的影响和理性认知的欠缺而波动，大学生会对自己的职业理想、道德理想、生活理想逐渐探索和认识，并对政治社会理想的树立产生影响。因成长和生活环境的不同，新时代大学生体现出了不同的特点，他们主体意识更强，对自我价值实现的期待较高，同时他们面临学习和就业的巨大竞争

---

① 习近平：《决胜全面建成小康社会　夺取新时代中国特色社会主义伟大胜利——在中国共产党第十九次代表大会上的报告》，北京：人民出版社2017年版，第2页。

② 《国家中长期教育改革和发展规划纲要（2010—2020年）节选》，载《教育科学论坛》，2017年第20期，第3页。

压力,在成长过程中受到家庭过多的关注,缺少主体成长的独立性,抗挫折能力相对较差,在树立正确社会政治理想方面,存在混乱和迷茫现象。而我们思想政治教育的时空境遇发生了诸多改变,经济全球化、世界多极化成为新的最显著的时代背景,国内已经取得的经济成就和仍存在的某些社会现实矛盾相冲突,网络新媒体促使传统信息传播方式发生巨大改变。种种变化冲击和影响着新时代大学生的理想信念。基于上述种种情况,本书对新时代大学生理想信念教育的规律进行了探索。

国外关于理想信念教育的研究更强调公民道德教育、政治教育、宗教教育、人生观和价值观教育等。国外教育学及其所实施的公民道德教育、政治教育、宗教教育等往往是建立在实验教学研究及心理学研究的基础上的,并且获得了国家和社会的广泛支持和参与,已经与社会发展相衔接成为闭环,每一位教师都担负着德育的职责,因此,德育的成效和德育的隐形教育做得很好。我国在思想政治教育和理想信念教育方面具有深入、扎实、层层递进的优势,当前,我国在发挥原有优势的同时,推进"三全"育人体系的建设,为理想信念主渠道教育提供了更好地环境和氛围。

国内学术领域对于理想信念的研究,主要分布在两个方向上。

一是在心理学领域。心理学领域的研究是开展理想信念教育的基础。研究成果散见于各心理学研究的书籍中。其中杨芷英主编的《思想政治教育心理学》为开展思想政治教育特别是理想信念教育奠定了心理学基础。杨晓慧所著《当代大学生成长规律研究》是心理学在思想政治教育领域的具体应用,是对当代大学生成长过程和规律的探索。

二是在思想政治教育领域。在思想政治教育领域,吴潜涛的《正确理解理想信念的科学含义》一文,是开展理想信念教育研究的基础,该文对理想信念的概念进行了界定,阐述了理想信念的独特意蕴。党的十八大以来,以习近平同志为核心的党中央,对理想信念教育高度重视,此方面理论研究成果颇多。在论文方面，涵盖了大学生理想信念的现状、特点及形成原因分析，涉及大学生理想信念教育的途径及机制等分析。关于理想信念的形成和影响因素方面，就某一方面影响因素的论述较多，比如互联网、信息化；就单独某一群体的论述也比较多，比如独立院校的学生，00后、95后学生等。涉及影响因素方面的有影响力的论文不多。结合新时代特征，系统和深入地分析大学生理想信念形成机制及其影响因素、教育对策方面的成果还有所欠缺。

相关研究书籍主要有：朱炎主编的《当代大学生理想论》系统阐述了理想的结构与分层；彭绪琴所著的《当代大学生理想信念教育研究》对大学生理想信念教育的研究全面性、系统性较强；李辉等所著的《当代大学生理想信念形成的特点及机制研究》，从现代性视角出发，分析了当代大学生理想信念的现代境遇和现状。林伟所著的《政治社会化与大学生理想信念教育》，对当代大学生理想信念的现状进行了分析，探讨了在政治社会化背景下进行理想信念教育的途径。韩华所著的《全球化背景下中国共产党人价值观研究》，研究了全球化背景下中国共产党人理想信念面临的挑战及其应对的基本要求。

从上述研究现状看，本书研究的创新点如下：

第一，专题、深入、系统地对新时代大学生理想信念及其影响因素进行分析和研究。如前所述，对大学生理想信念影响因素的研究是对思想政治教育规律的探讨，紧密结合大学生面临的国际、国内现实，研究对大学生的理想信念发生作用的因素，有利于思想政治工作者准确把握大学生理想信念的产生根源，增强开展教育的针对性和有效性。

第二，融时代性、前瞻性与规律性于一体。思想政治教育的客体是人，人总是受所生活时代的环境影响，随着环境的变化而发生变化，因此思想政治教育必须与时俱进，在变化着的环境和人中，不断结合新情况和新问题探索新的方法、途径。本书选题立足于新时代大学生的特点、当前经济全球化的国际背景、国内的经济社会现实开展研究，具有时代性和前瞻性。把心理学中的理想信念发生机制，即潜意识、认知、情感、意志等与现实生活的影响因素相结合，深入分析现实生活对理想信念的作用机制，是对思想政治教育规律的探索。

第三，将逻辑上全面分析的影响因素与现实中的显著影响因素相结合。本研究在阐述理想信念发生机制的基础上，从逻辑上全面分析了影响大学生理想信念的因素，但是在现实生活中，真正显著对大学生理想信念发生影响的因素才是思想政治教育需要重点关注的，本书具体分析了显著影响大学生理想信念的因素并提出教育对策，具有较强的现实意义。

田永静
2020年9月

目　录

第一章　理想信念概述 …………………………………………………… 1

一、理想信念的发生机制 ………………………………………………… 2
　（一）理想信念的内涵与特征 ………………………………………… 2
　（二）理想信念的分类与层级结构 …………………………………… 3
　（三）理想信念的生成规律 …………………………………………… 4

二、共产主义理想信念 …………………………………………………… 7
　（一）马克思主义信仰与共产主义理想信念 ………………………… 7
　（二）共产主义理想信念的内涵和特征 ……………………………… 9
　（三）共产主义理想信念的形成与发展 ……………………………… 12

三、中国特色社会主义共同理想信念 …………………………………… 16
　（一）中国特色社会主义共同理想信念的内涵和特征 ……………… 16
　（二）中国特色社会主义理想信念的形成与发展 …………………… 17
　（三）共产主义理想信念与中国特色社会主义共同理想信念 ……… 19

四、"中国梦" …………………………………………………………… 22
　（一）"中国梦"的提出和表述 ……………………………………… 22
　（二）"中国梦"与新时代大学生的理想信念 ……………………… 27

第二章　新时代大学生理想信念的特性、现状及影响因素分析 …… 30
一、大学生理想信念的内涵和特性 …… 30
（一）大学生理想信念的内涵 …… 30
（二）大学生理想信念的特性 …… 31
（三）大学生理想信念的作用与意义 …… 37
二、新时代大学生的特点与理想信念的现状 …… 39
（一）新时代大学生特点分析 …… 40
（二）新时代大学生理想信念主流积极健康向上 …… 43
（三）新形势下大学生理想信念教育亟待加强 …… 44
三、新时代大学生理想信念的影响因素分析 …… 47
（一）大学生理想信念影响因素的逻辑层次分析 …… 47
（二）大学生理想信念的影响因素范畴分析 …… 49
（三）大学生理想信念的影响因素与形成机制的关系分析 …… 51

第三章　国际环境对大学生理想信念的影响 …… 56
一、经济全球化的影响 …… 56
（一）经济全球化与大学生日常生活密切相关 …… 57
（二）经济全球化对大学生理想信念的影响 …… 60
二、世界多极化的影响 …… 69
（一）世界多极化发展趋势引发大学生深刻思考 …… 69
（二）世界多极化对大学生理想信念的影响 …… 71
三、科学技术迅猛发展的影响 …… 77
（一）大学生对科学技术迅猛发展反应敏锐 …… 77
（二）科学技术迅猛发展对大学生理想信念的影响 …… 79
四、文化多样化的影响 …… 82
（一）大学生处在多样文化的浸染之中 …… 82

（二）中国特色社会主义文化建设增强了大学生的文化自信 … 83
　　（三）文化多样化对大学生理想信念的影响 ………………… 86
五、社会信息化的影响 …………………………………………… 90
　　（一）社会信息化在大学生中充分体现 ……………………… 91
　　（二）社会信息化对大学生理想信念的影响 ………………… 92

第四章　国内现实对大学生理想信念的影响 ………………… 96
一、党和国家事业的历史性变革和历史性成就激励大学生 …… 96
　　（一）"全面从严治党"赢得了大学生的衷心拥护 ………… 97
　　（二）人民生活水平日益提高夯实了大学生理想信念的
　　　　　基础 ……………………………………………………… 100
　　（三）中国特色社会主义的成就坚定了大学生的理想信念 … 101
　　（四）"五位一体"总体布局和"四个全面"增强了大学生
　　　　　对党和政府的信心 …………………………………… 105
　　（五）"两个一百年"的奋斗目标激发大学生斗志 ………… 113
二、国内经济社会现实对大学生理想信念的不利影响 ………… 115
　　（一）实现国家治理体系和治理能力现代化过程中还需完善
　　　　　的体制机制问题影响大学生的认知和感受 ………… 115
　　（二）部分消极腐败现象影响党在大学生心中的形象 …… 117
　　（三）社会矛盾多发影响大学生对社会主义道路的情感 … 120

第五章　教育引导对大学生理想信念的影响 ………………… 122
一、社会环境氛围对大学生理想信念的引导 …………………… 122
　　（一）"中国梦"对大学生产生了强大的号召力 …………… 122
　　（二）主流媒体的正面引导对大学生理想信念形成了正向
　　　　　统摄力 ………………………………………………… 124

（三）自媒体时代社会思潮传播对大学生理想信念形成一定
　　的冲击 ………………………………………………… 126
二、我国高等教育发展对大学生理想信念的影响 ………… 128
（一）高等教育大发展惠及新时代青年 ………………… 128
（二）教育国际化的影响 ………………………………… 131
三、高校理想信念教育的现状与效果 ……………………… 134
（一）主要渠道及效果 …………………………………… 134
（二）存在的主要问题 …………………………………… 137
四、家庭理想信念教育的现状与效果 ……………………… 139
（一）影响方式及效果 …………………………………… 139
（二）存在的主要问题 …………………………………… 140

第六章　坚定新时代大学生理想信念的对策 …………… 142
一、坚持马克思主义的指导地位 …………………………… 142
（一）加强马克思主义理论教育 ………………………… 142
（二）加强社会主义核心价值观教育 …………………… 144
（三）加强意识形态安全教育 …………………………… 148
二、加强历史和国情教育 …………………………………… 149
（一）加强近现代史和党史教育 ………………………… 149
（二）加强国情教育 ……………………………………… 157
（三）反对历史虚无主义 ………………………………… 158
三、引导大学生正确看待社会主义发展 …………………… 162
（一）引导大学生准确把握我国的国际定位 …………… 162
（二）引导大学生认识社会主义发展的历史趋势 ……… 165
（三）培养大学生的国际意识 …………………………… 170

四、引导大学生正确看待资本主义发展 …………………… 174
  （一）引导大学生正确看待全球化进程中资本主义的发展 …… 174
  （二）引导大学生认识资本主义的制度缺陷 ………………… 176
五、针对国内社会现实与大学生特点加强教育 ……………… 179
  （一）提升大学生应对信息化环境的能力 …………………… 179
  （二）提升适应市场经济进程的素质 ………………………… 182
  （三）引导大学生正确认识自我成长与国家发展 …………… 186

结　语 ………………………………………………………… 189

参考文献 ……………………………………………………… 191

第一章 理想信念概述

理想是人类特有的一种精神现象,是人们在实践中能够实现的对未来社会的美好向往和对人生的幸福追求。① 信念是一种意识,是建立在认知基础上,对某种目标坚定不移追求的心理态度、精神状态,是支配人行为的主要意识,是认知、情感和意志的有机统一体,是支撑理想实现的行为动力。信仰是人们关于最高价值的信念,是对某种主张、主义、宗教或某人的极度相信和尊敬,往往带有个人情感体验色彩。因此,信仰处于人的精神世界中最高的层次,对理想和信念具有统帅作用。

对一个社会而言,作为一个历史阶段的群体,共同的理想信念是指社会政治理想信念,在我国即是对马克思主义的信仰,是共产主义远大理想和中国特色社会主义共同理想。研究当代大学生理想信念的影响因素,首先需要对理想信念的内涵特征和形成规律这一基本问题进行分析,本章主要探讨理想信念的发生机制、分级分类结构和生成规律,进而对马克思主义理想信念和建设中国特色社会主义理想信念的内涵和形成过程进行阐述。

---

① 吴潜涛:《正确理解理想信念的科学含义》,载《教学与研究》,2011年第4期,第5—9页。

一、理想信念的发生机制

（一）理想信念的内涵与特征

理想不同于目标，理想是一种向往与追求，是一种心理需求与精神境界，可能在某个层面上的理想以实现某个目标为核心，然而目标的实现并不完全等同于理想的实现，可以说目标是理想的一部分，理想除了确定的目标外还有很多包含人的世界观、人生观和价值观在内的心理与精神层次的需求，所谓的"理想很丰满，现实很骨感"在此意义上具有一定的道理；理想是现实确定性和超越性的统一，个体的理想的确立和产生是基于主体对客观世界的认识，是对物质和精神实践规律的把握和对信息的加工基础上确立的高于现实的向往和追求；理想相对于人的生命具有永恒性，理想是在人的生命中持久存在的一种精神现象，不论是何种理想，在生命活动中，人的理想总是与生命相伴而行，一个理想目标实现了，就会有下一个理想出现，或者近期的理想实现了还有更长远的理想，直至生命结束，因此，具有理想正是人不同于其他动物的地方，理想是人生命的精神支柱。

作为一种心理态度和精神状态，信念通常是针对某种具体目标而言的，其本身具有依托性、过程性和状态性。信念是一种意识，人的行为是受意识支配的，信念是人的意识中比较稳定、持久、明确的意识，因此，信念一定是支配人的主要行为的意识；信念是认识、情感、意志的有机统一体，是个体在生活实践中对信息、知识、事务发展的规律等进行归纳总结的基础上确立的，在确立之后，主体在内心对其所形成的认识产生一种信赖、支持的情感，并在这种情感的支持下愿意为其实现去行动，去有所作为，这就转化为意志，认识、情感和意志有机统一到一个个体上就成为信念；信念具有一定的稳固性，信念一旦形成，不会轻易受到外界的动摇和干扰，即便在生活实践中遇到挫折也不会轻易动摇。因此，理想信念本身也是人类掌握世界的一种方式。因为信念的依托性，在提及信念时往往会有一个信念围绕的目标，或者信念的主语。当理想和信念一起提及时，理想是信念要达到的目标、是信念的主语，信念是支撑理想实现的行为动力，有了信念，理想才能真正实现。在关于信念的众多主语中，理想作为其主语通常是指较高远的目标的实现。

信念与信仰不同。关于信仰的含义，目前主要的代表观点是万俊人教授提出的："信仰是指特定社会文化群体和生活于该社群文化条件下的个体，基于一种共同价值目标期待的基础上，所共同分享或选择的价值理想或价值承诺。"[1] 信仰在某种程度上是理想信念的综合，在人的精神世界中，信仰处于更高级别，相较于理想信念，其心理上的依赖与崇拜的成分更多。

（二）理想信念的分类与层级结构

理想从不同的角度可以区分为不同的种类。按照理想主体划分，可以分为个人理想和群体理想。按照理想实现的长短划分，可以分为长远理想和近期理想。按照内容划分，理想可以分为社会理想、生活理想、职业理想、道德理想。在不同内容的理想中，各种类型的理想既独立又相互联系，在相互联系的层面上，大致存在着从生活理想到职业理想再到道德理想最后到社会理想的层级关系。社会理想是人生理想中的最高层次，它制约和影响着个人的其他理想。而同时个人理想是社会理想的起点和基础，个人理想和社会理想之间具有内在一致性，任何社会理想

---

[1] 万俊人：《信仰危机的"现代性"根源及其文化解释》，载《清华大学学报（社会科学版）》，2001年第1期，第22—29页。

都必须内化为个人行为的内在要求才能实现。

人在社会生活中,通过一定的认知积累会设定未来生活的目标,因为这一目标的设定是基于一定的信息来源和认知规律的,因此目标的设定者会对这一目标的实现有一定程度的确信并为之不断努力,在这个过程中所包含的在认知基础上的目标的设定便是理想,如社会理想、生活理想等,而对设定目标的坚定信心和执着追求就是信念。根据理想的分类和层级结构,理想信念同样具有同样的分类和层级结构,如生活在社会中的个体可以具有生活理想和支撑生活理想的信念,有社会理想和支撑社会理想实现的信念。在我国,理想信念内在地包含了在认知基础上对最高价值目标的设定,也同时体现了人们对实现这一目标的确信和在实现目标的过程中的坚持。作为最高价值目标的理想即为社会理想,也就是说理想信念作为一个整体词汇是特指群体所信奉并为之努力奋斗的社会理想。

(三) 理想信念的生成规律

作为人类所特有的精神现象,理想信念有其发生机制和生成规律,对理想信念的发生机制和生成规律的研究有利于对理想信念的深刻认识和有效引导。人的理想信念的形成,起源于人的需要,人的需要的充分满足是人类从事社会实践活动的动力源泉,是一切心理活动的起源。在此基础上,人的精神世界的活动,大致可以分为知、情、意、信四个部分,四个部分各自独立而又存在相互的层级关系。

"知"即认知,也称为认识,是人认识外界事物的过程。包括感觉、知觉、记忆、思维等。人从出生开始就在感知着外界环境并通过这种感知建立着自己的认知世界,个体认知世界的建立是一个不断丰富的动态过程,一个个体在成长的过程中在不断地感知世界,从对简单的物理属性的感知到深刻的内部联系的感知,并且将通过认知得到的信息以知识的方式存储在大脑中，形成记忆，记忆储备的知识通过人的思维建立各种联系从而探索事物的运行规律，得出个体对世界的认知结论。从人类整体的角度讲，人类对世界的认知也是一个不断发展的过程，一代代人的认知以知识的方式通过各种存储媒介进行传播，不断丰富着整个人类的认知世界。

《心理学大辞典》对情感的定义是："情感是人对客观事物是否满足自己的需要而产生的态度体验"①，是个体对待客观事物的主观态度。相对于情绪情感更倾向于社会需求欲望上的态度体验。在认知的基础上，主体基于自身需要对客体作出判断，并根据是否满足自身需要的判断而产生相应的情感。

"意志是个体自觉地确定目的，并根据目的调节支配自身的行动，克服困难，实现预定目标的心理过程。"② 意志是人的意识能动性的集中表现，是人类特有的心理现象。它在人主动地变革现实的行动中表现出来，对行为（包括外部动作和内部心理状态）有发动、坚持、制止、改变等方面的控制调节作用。也就是说，意志对行为执行的两种功能即激励和制止。

在人的精神世界中，认知、情感、意志相对独立，各自是一个丰富的世界，在精神世界进行活动时，尤其是当人有意识地支配自身的行动时，以目标和目的为导向，认知、情感和意志呈现一个明显的层级关系，并且三个层次的精神活动相互联动形成一个作用机制，作用于人的行为，对于有利于人或人的群体的需要满足的行为进行发动并坚持这种行为，对不利于人或人的群体的需要满足的行为进行制止和改变。人的

---

① 林崇德、黄希庭、杨治良主编：《心理学大辞典》，上海：上海教育出版社2003年版，第152页。

② 林崇德、黄希庭、杨治良主编：《心理学大辞典》，上海：上海教育出版社2003年版，第155页。

精神世界从认知到行为的作用机制发生的过程是：人通过认知解决"是什么"或"什么事"的问题。人只有首先了解事物"是什么东西"，才能对它进行其他方面的深入了解。在情感阶段主要解决"有何用"即价值的问题。在意志阶段，主要解决"怎么办"的问题。在意志层面，围绕目标确定的意志一旦建立，就会对情感和认知起到重要的调节作用和控制作用，像一个统帅调控人的心理和行为，但因为意志、情感、认知彼此的独立存在，相互之间又会造成一定的影响，认知的改变、情感的转移就会使得意志受到削弱或者转变。所以在整个人的由心理到行动的转化过程中，有一个从认知到意志的层级关系，又同时存在相互的作用关系。

在意志形成之后的更高层级就是信念，理想信念正是建立在认知、情感和意志基础上的对于社会和人类群体的目标的主动践行。个体理想信念的生成过程遵从人的心理发生的机制和过程，人通过认知筛选和情感选择确定了理想之后，以意志的力量来统帅和规范内心和行为，并形成一个相对稳定的状态。理想信念是整个意识领域和精神活动的"统帅"，对人的思想和心理产生直接影响，左右着人的思想倾向和心理面貌，既存在于意识之中又存在于潜意识之中，并通过对意识和思想、心理的影响直接作用于外在行为。理想和信念又相互依存，理想的实现依靠信念的力量，信念的坚定基于理想的选择。[①]

个体的理想信念的形成和发展的过程是一个逐步上升的过程，这个逐步上升的过程遵从理想的层级关系，即个体的理想总是随着年龄、文化素养和社会经验的增长而逐渐深化和发展，从最初的生活理想信念的确立逐渐到职业理想信念的确立再到道德理想信念的确立，并最终形成社会政治理想信念。

---

① 张耀灿、郑永廷：《思想政治教育学》，北京：人民出版社2006年版，第149页。

这是理想信念引导与教育方面必须遵循的基本规律。

二、共产主义理想信念

共产主义作为社会政治理想的一种，是建立在对马克思主义的信仰之上的。是合规律性与合目的性的有机统一，是过程性与激励性的有机统一，是科学性与现实性的有机统一。同时，共产主义理想信念的内涵随着马克思主义理论的建立、宣传、实践的过程而形成并不断丰富和发展。

（一）马克思主义信仰与共产主义理想信念

习近平总书记指出："对马克思主义的信仰，对社会主义和共产主义的信念，是共产党人的政治灵魂，是共产党人经受住任何考验的精神支柱。"[①] 马克思主义的信仰是建立共产主义理想信念的前提。马克思主义理论体系是马克思、恩格斯创立的关于人类社会发展必然进入共产主义社会的学说并在各国的具体实践中不断地丰富、发展和完善的思想体系。

1. 马克思主义是科学的理论体系

马克思、恩格斯运用历史唯物主义揭示了人类社会发展的客观规律，分析了资本主义的产生与发展及其难以克服的固有矛盾，得出社会主义必然取代资本主义的论断，指出了社会变革的阶级力量和革命道路。马克思主义提出的人类社会发展的历史规律也是不断发展深化的，他们创建的科学社会主义也不是一成不变的教条，而是随着历史的发展

---

① 中共中央宣传部：《习近平总书记系列重要讲话读本》，北京：学习出版社、人民出版社2014年版，第160页。

不断丰富的，只有创造性地运用历史唯物主义世界观，结合人类历史发展的实际，才能够不断丰富和发展马克思对人类社会发展规律的认识。当前我们认识建设中国特色社会主义的规律，也必须及时研究新情况，解决新问题，在不断取得建设中国特色社会主义的新胜利的同时，不断丰富和发展马克思主义理论体系。

2. 共产主义理想概括了人类对美好社会的向往

建立在科学理论体系上的共产主义社会是马克思最崇高的社会理想，是建立在对人的全面关怀的基础之上，代表了人类内心对美好社会的追求、对人类解放和全面发展的渴望，具有阶级基础，并概括了人类对美好社会的追求和向往，具有普遍的代表性和号召力。

3. 对马克思主义的信仰是建立共产主义理想信念的前提

有了共产主义的信仰，才能牢固树立共产主义理想，也才能克服重重困难，以坚强的意志、必胜的信念而不懈奋斗。革命战争年代，正是因为怀着对马克思主义的信仰，对未来美好社会的向往，无数仁人志士、革命先烈为了革命胜利抛头颅、洒热血，不惜献出自己甚至家人的生命。毛泽东同志在党的七大报告中指出："我们的党从它一开始，就是一个以马克思列宁主义的理论为基础的党，这是因为这个主义是全世界无产阶级的最正确最革命的科学思想的结晶。"[1] 毛泽东的论述，表明了我们党是马克思列宁主义武装起来的，武装我们的理论是世界上最先进的理论。一旦有了科学的信仰，就是掌握了一种认识世界的方式，一种行动的指南，因此，信仰的力量是强大的。邓小平同志说："对马克思主义的信仰，是中国革命胜利的一种精神动力。"[2]

科学、先进的理论，只是建立信仰的基础，理论必须为人所掌握，

---

[1] 毛泽东：《毛泽东选集》（第3卷），北京：人民出版社1993年版，第1093页。
[2] 邓小平：《邓小平文选》（第3卷），北京：人民出版社1993年版，第63页。

并且坚信不疑才能指导我们的行动，才能不被外界的诱惑和苦难干扰。江泽民同志告诫我们："我们共产党人的根本政治信仰是社会主义和共产主义，世界观是马克思主义的辩证唯物主义和历史唯物主义，这是任何时候都丝毫不能动摇的。"① 胡锦涛同志一再强调，"理想的滑坡是最致命的滑坡，信念的动摇是最危险的动摇"。习近平同志指出："理想信念就是共产党人精神上的'钙'，没有理想信念，理想信念不坚定，精神上就会'缺钙'，就会得'软骨病'"② 有了对马克思主义的信仰，确立共产主义的理想信念，掌握了辩证唯物主义和历史唯物主义的世界观和方法论，中国共产党人才能运用这一强大的思想武器改造主客观世界，为实现共产主义而努力奋斗。

（二）共产主义理想信念的内涵和特征

马克思所倡导的共产主义理想信念是社会政治理想的一种。其内涵是按照马克思对人类社会规律的探索，对未来社会发展必然到达共产主义的坚信并愿意不断为之奋斗的心理状态。

1. 共产主义理想信念是合规律性与合目的性的有机统一

首先，共产主义理想信念是建立马克思主义哲学基础上的。马克思主义哲学主要是由辩证唯物主义和历史唯物主义两大部分构成的，辩证唯物主义是对物质世界运行规律的探索，历史唯物主义是对人类历史运动规律的探索，马克思主义理想信念是建立在马克思主义对人类社会历史发展规律的科学认识基础上的，以对未来人类社会发展必然到达阶段的科学预见为目标，以人类社会生活主体对人类社会发展规律的理性认知、把握和推动为力量，在心理和思想上产生的对未来理想社会的憧

---

① 邓小平：《邓小平文选》（第2卷），北京：人民出版社2006年版，第358页。
② 习近平：《习近平谈治国理政》（第1卷），北京：外文出版社2018年版，第381页。

憬，坚信不移并身体力行的心理状态。其次，共产主义理想信念追求的目标是实现共产主义，就是要消灭剥削压迫，是实现全人类的解放的崇高社会理想。正是在共产主义理想信念的激励下，社会主义制度才从理想变为现实，对人类历史发展起到巨大推动作用。实现共产主义目标是建立在对社会发展规律的深刻分析的基础上的，马克思通过对资本主义制度的剖析，揭示社会主义取代资本主义，并且最终实现共产主义社会的历史必然，通过分析资本主义社会矛盾，指出无产阶级可以实现人类解放的历史任务。

2. 共产主义理想信念是过程性与激励性的有机统一

共产主义理想信念是在社会发展进程中分阶段逐步实现的。共产主义理想信念必须从革命和建设的不同阶段实际出发，将奋斗目标置于不同阶段的实际情况基础上，分阶段分步骤去实现。实现马克思主义理想需要每个共产主义者努力奋斗、克服困难，坚定共产主义的奋斗目标，结合现实社会实际情况、结合实际工作，为实现共产主义理想贡献自己的力量。共产主义理想信念作为一种社会政治理想，对人们的社会实践活动，具有巨大的鼓舞和激励作用。共产主义理想信念需要有崇高的思想境界，其出发点不是谋求个人私利，而是实现人民的幸福和全人类的解放，是人生追求的最高理想境界。共产主义理想信念为人们的行为提供了合理正义和进步的解释，为广大人民的最根本利益服务，符合人类社会历史发展的必然规律，必然激发人们强烈的情感和意志，激励每个成员释放最大力量，为最终实现这一理想而奋斗终身。

3. 共产主义理想信念是科学性与现实性的有机统一

马克思主义是关于人类社会发展规律的科学，通过剩余价值规律的发现，揭示了资本主义制度剥削本质，得出了资本主义必然灭亡，社会主义必将胜利的结论，科学预测了共产主义社会实现的基本条件和基本特征，指明了人类社会发展必将进入共产主义社会的历史趋势。现实社会发展也证实了马克思主义的科学性，目前资本主义虽然在全世界范围内扩展，同时也使得贫富分化和经济危机扩展到全世界，资本主义主导的经济全球化，并未解决资本主义私有制存在的固有矛盾，没有改变劳动者被剥削、受雇佣的地位，而我国社会经济建设取得的一系列的巨大成功使得社会主义制度的胜利已经展现出更为光明的前景。共产主义理想社会的产生是人们实践活动的现实需要，具有现实性。任何理想都是现实中人们将不合理的状态改变为合理的状态，资本主义制度固有的问题，使得人们必然需要改变不合理的制度，共产主义理想信念为人们实现这一改变提供了现实利益的需要，它不同于宗教理想中虚幻的天堂世界，而是在现实世界中追求的有意义的人生理想。

自马克思主义诞生以来，作为现实的能够实现的对人类最理想社会的追求，马克思主义得到了众多拥护者，他们还将其付诸实践。随着世界范围内马克思主义理论的传播，更多的人接受和信仰马克思主义，并且身体力行，为共产主义的实现而努力奋斗。在世界范围内的共产主义理想信念的形成过程是马克思主义理论的一个建立、宣传、实践的过程。

4. 共产主义理想信念需要不断坚定和巩固

中国共产党成立以后，信仰马克思主义并具有共产主义理想的人，从身份上看，可以分为加入中国共产党和不加入党的组织两种，即具有共产主义理想的人不一定加入党的组织；从思想认识上看，可以分为思想入党和组织入党两个层次，也即加入了党的组织的人不一定具有纯正坚定的共产主义理想信念。毛泽东同志于1942年5月在《在延安文艺座谈会上的讲话》中明确指出，"有许多党员，在组织上入了党，思想上并没有完全入党，甚至完全没有入党。这种思想上没有入党的人，头脑里装着许多剥削阶级的脏东西，根本不知道什么是无产阶级思想，什么是共产主义,什么是党。"① 周恩来同志也曾经强调,"每个党员从加入共产党起,就应该有这么一个认识:准备改造思想,一直改造到老。"② 共产主义理想信念需要根据时代的发展要求,不断改造主观世界。

(三) 共产主义理想信念的形成与发展

自马克思主义诞生以来,因其科学性和美好性而为人们所推崇,从而也产生了一批坚定地持有共产主义理想并为之奋斗的马克思主义者。随着世界范围内马克思主义理论的传播,更多的人接受和信仰马克思主义。在世界范围内,共产主义主义理想信念的形成过程就是马克思主义理论建立并实践,从而得以不断传播的过程。

1. 世界范围内共产主义理想信念的形成

在人类社会长期的历史发展过程中,在马克思主义出现之前,人们没有真正认识到人类社会发展有着确定的秩序和趋势。人类社会初期,由于生产能力低下,人们将"神灵"或上帝当作人类历史的主宰,中世纪的欧洲宗教神学将这一历史观系统化。中国古代更是主要将社会的改朝换代的历史发展认为是周而复始、循环往复的运动。近代资本主义启蒙运动的兴起,开始关注人类生活的自然环境对人类历史发展的影响,德国古典哲学提出认识人类历史的运动规律,但历史观是唯心的。马克思和恩格斯真正开始探索人类社会发展的客观规律性,批判地继承了人类历史上的优秀思想成果,包括英国古典政治经济学、德国古典哲学和空想社会主义等,第一次提出唯物史观,它不是通过抽象的人性、抽象的人的本质出发去解释人类社会发展,而是从物质生产力的发展去解释

---

① 毛泽东:《毛泽东选集》(第3卷),北京:人民出版社1967年版,第832页。
② 周恩来:《周恩来选集》(下卷),北京:人民出版社1980年版,第425页。

社会历史的发展，从而科学地揭示了人类社会发展的历史趋势。运用唯物史观，马克思和恩格斯具体分析了资本主义社会的产生和发展历史，并从社会发展的客观规律出发论述了人类社会将从资本主义社会向社会主义社会发展，并最终实现共产主义社会的发展前景。马克思主义作为科学的理论体系和对未来最美好社会的向往在世界范围内成为共产党人的信仰，并在这一信仰之下形成了共产主义理想信念。在这一理想信念的推动下世界范围内的共产主义运动先后开展，巴黎公社革命、俄国十月革命及苏维埃政权的建立和巩固、欧亚人民民主国家的建立和社会主义国家阵营的形成，都是世界范围内宣传马克思主义，以共产主义理想信念指导实践的过程。

2. 共产主义理想信念在我国的形成和发展过程

在我国，共产主义作为社会政治理想特别是成为我国社会主流的社会政治理想有自身的形成发展过程。

第一次世界大战和十月革命爆发后，李大钊经过不断的求索和鉴别，选择了马克思主义，成为我国历史上第一个马克思主义者、成为具有坚定共产主义理想信念的共产主义者。他不仅自己坚定信仰马克思主义，还积极宣传马克思主义，先后发表了《法俄革命之比较观》《庶民的胜利》《布尔什维主义的胜利》和《新纪元》四篇文献，并通过刊物、课堂等方式传播马克思主义，感染着当时的爱国志士和进步青年。中国开始出现第一批具有共产主义信仰的马克思主义者。1921年中国共产党成立，中国共产党人信仰马克思主义，共产主义社会是其社会政治理想。共产主义理想信念在中国的建立和传播过程，也是随着历史的发展，其内涵不断发展的过程。马克思在《共产党宣言》中，根据社会发展阶段和生产力水平，将未来理想社会的形态划分为社会主义和共产主义两个阶段，并指出，社会主义是共产主义的低级阶段。从马克思主义诞生起，共产主义理想信念就用于武装广大的人民群众，中国共产党将马克思主义与中国革命的具体实际相结合,与不同历史阶段的任务相结合,坚持共产主义最高理想,并将实现共产主义的奋斗过程分解为不同的阶段的任务,团结和凝聚广大人民群众。在社会主义革命时期,理想信念就是指无产阶级和广大人民群众为建设社会主义制度,推翻旧的剥削阶级尤其是资产阶级的统治而奋斗的理想,其内容包括相信社会主义制度必将战胜资本主义制度,相信社会主义制度能够实现建设富强、文明、民主的新国家,在我国就是使人民群众在中国共产党的领导下,走适合中国国情的社会主义革命道路,取得革命斗争的胜利,建立社会主义制度。毛泽东将马克思主义的基本原理与中国实际相结合,他认为,共产主义不仅是一种思想体系和社会制度,也是中国共产党人的行动纲领,并将对未来共产主义社会理想的实现划分为最高纲领和最低纲领。在《论联合政府》一文中,他指出,"我们共产党人从来不隐瞒自己的政治主张。我们的将来纲领或最高纲领,是要将中国推进到社会主义社会和共产主义社会去的,这是确定的和毫无疑义的。我们的党的名称和我们的马克思主义的宇宙观,明确地指明了这个将来的、无限光明的、无限美妙的最高理想。"① 新民主主义革命时期,共产主义理想号召和激励着中国共产党人和中国共产党的军队、广大的民众,逐渐形成为共产主义奋斗的坚强信念。也正是因为中国共产党人持有的实现共产主义的奋斗目标,得到了广大人民群众的拥护,建立了社会主义的政治制度。

在社会主义建设时期,中国共产党人正是为了实现和建设人类历史上最美好的共产主义社会而努力奋斗,经历了挫折和暂时的失败之后,中国共产党人以巨大的政治勇气和魄力,推动了改革开放。随着市场经济的建立和改革开放的不断深入,人们的价值理念逐渐多元,以适应新的历史阶段的共产主义理想信念号召和团结广大人民群众日益迫切。

---

① 毛泽东:《毛泽东选集》(第3卷),北京:人民出版社1991年版,第1059页。

1985 年邓小平将理想信念合并使用，称为"信念理想"①。"我们多年奋斗就是为了共产主义，我们的信念理想就是要搞共产主义。在我们最困难的时期，共产主义的理想是我们的精神支柱，多少人牺牲就是为了实现这个理想。"② 1996 年江泽民在宣传思想战线的讲话中对党员领导干部提出了要有"坚定的共产主义和社会主义的理想信念"③ 的要求。党的十六大以来，"理想信念"及"理想信念教育"不断得到丰富发展和充实。2007 年，党的十七大报告在党的建设方面提到，"以坚定理想信念为重点加强思想建设"④。党的十八大报告指出，"对马克思主义的信仰，对社会主义和共产主义的信念，是共产党人的政治灵魂，是共产党人经受住任何考验的精神支柱。"⑤ 党的十九大报告指出，"共产主义远大理想和中国特色社会主义共同理想，是中国共产党人的精神支柱和政治灵魂，也是保持党的团结统一的思想基础。"⑥ 共产主义理想信念作为一种社会政治理想，人们接受和建立它的过程是基于对现实生活中信息的认知与思考而进行的理性选择。个人社会政治理想的形成与其所处的家庭和社会环境，以及其所受教育、从事职业、社会生活经历等因素都密切相关，是多种因素共同影响的结果。良好的社会环境有利于正确的社会理想的树立，而复杂动荡的社会环境会对正确树立社会理想带来冲击，产生干扰。个人的社会理想都是在现实社会生活中得到体验，人们往往根据在现实生活体验和道德情感积累对其理想进行调整，因此社会环境对个人社会理想形成起着巨大作用。

---

① 邓小平：《邓小平文选》（第 3 卷），北京：人民出版社 1993 年版，第 137 页。
② 邓小平：《邓小平文选》（第 3 卷），北京：人民出版社 1993 年版，第 137 页。
③ 江泽民：《江泽民文选》（第 1 卷），北京：人民出版社 2006 年版，第 500—501 页。
④ 胡锦涛：《胡锦涛文选》（第 2 卷），北京：人民出版社 2016 年版，第 652 页。
⑤ 本书编写组：《中国共产党第十八次全国代表大会文件汇编》，北京：人民出版社 2012 年版，第 46 页。
⑥ 习近平：《决胜全面建成小康社会 夺取新时代中国特色社会主义伟大胜利》，北京：人民出版社 2017 年版，第 63 页。

在我国，马克思主义理想信念为社会主流大众所认同，并且国家通过法律等形式为马克思主义社会理想确立社会主导地位创造了良好的社会环境，这对个体社会理想形成起着决定性作用。同时，学校教育对个体理想形成也起着不可替代的作用，通过学校教育可以有目的、有计划地对个体社会理想的形成施加影响，尤其面对复杂的社会环境，多元文化思想的冲击，单独依靠社会环境对个体社会理想形成影响是不够的，教育可以根据人们的身心发展规律将马克思主义理想信念相关的科学知识系统地进行传授，帮助人们坚定马克思主义理想信念。另外，除了社会环境和学校教育等影响人们理想信念形成的外部因素之外，个体的内在主体因素制约着理想信念形成的效果，这些主体因素包括个人的内在需要、品质性格等，教育必须有个体的主动配合，个体也是随着年龄的增长、社会实践的丰富，以及不断的理论学习，逐步树立坚定的马克思主义社会理想。

三、中国特色社会主义共同理想信念

中国特色社会主义理想信念与马克思主义信仰是有内在一致性的，但也有一定区别。

(一) 中国特色社会主义共同理想信念的内涵和特征

中国特色社会主义理想信念是在中国共产党领导下，中华民族根据对中国建设社会主义规律的探索，对走建设中国特色社会主义道路的坚信，并愿意不断为之奋斗的心理状态。

中国特色社会主义是在中国处在社会主义初级阶段的历史国情下，坚持科学社会主义基本原则的基础上，建设社会主义所选择的道路、理论和制度建设的综合。中国特色社会主义理想，是中华民族实现伟大复兴的中国梦，实现社会主义现代化的共同理想。坚定中国特色社会主义理想信念，内在地包含了对中国特色社会主义道路、理论和制度坚定的认同和为之不懈努力奋斗的意志和行为。中国特色社会主义制度是在当代中国建设社会主义的制度成果，是对社会主义方向的根本保证。实现中国特色社会主义理想的过程，是一个实实在在的过程，需要每个人沿着中国特色社会主义道路不懈追求，努力奋斗。中国特色社会主义理论体系是中国建设社会主义的实践总结，是实现中国特色社会主义理想的理论指导。习近平总书记系列重要讲话深化了我们党对中国特色社会主义发展规律和马克思主义执政党建设规律的认识，是坚持和发展中国特色社会主义的最新理论成果，也为新的历史起点上实现社会主义理想奋斗目标提供了科学指南和基本遵循。

（二）中国特色社会主义理想信念的形成与发展

中国特色社会主义理想信念是改革开放后中国共产党带领全国各族人民共同探索在中国建设社会主义的道路的实践过程中形成的，也是伴随着中国特色社会主义道路的形成而形成的。

1978 年 10 月，我国展开了一场真理标准问题的大讨论，这场讨论突破了"两个凡是"的禁锢，开启了我国探索建设有特色的社会主义道路的征程。在经历了社会主义建设之后，特别是苏联的社会主义模式的建设之后，中国到底路在何方的问题是人民思想中的普遍困惑。这就需要凝心聚力，统一认识。此后，邓小平同志提出了建设"四有"新人的目标，首先就是要有理想，并指出："有了共同的理想，也就有了铁的纪律。无论过去、现在和将来，这都是我们的真正优势。"[①] 随着建设中国特色社会主义道路的探索，中国特色社会主义共同

[①] 邓小平：《邓小平文选》（第 3 卷），北京：人民出版社 1993 年版，第 144 页。

理想逐步形成。1986年党的十二届六中全会通过的《中共中央关于社会主义精神文明建设指导方针的决议》提出和使用了共同理想："建设有中国特色的社会主义,把我国建设成为高度文明、高度民主的社会主义现代化国家,这就是现阶段我国各族人民的共同理想。"① 同时阐述了最高理想和共同理想的关系。自此,共同理想成为团结凝聚中华民族的一面旗帜。党的十五大报告指出,社会主义初级阶段是"是广大人民牢固树立建设有中国特色社会主义共同理想,自强不息,锐意进取,艰苦奋斗,勤俭建国,在建设物质文明的同时努力建设精神文明的历史阶段"②。党的十六大报告中提出,"引导人们树立中国特色社会主义共同理想,树立正确的世界观、人生观和价值观。""党员必须发挥先锋模范作用,牢固树立共产主义远大理想和中国特色社会主义坚定信念"③。与社会主义初级阶段的任务相对应,形成了中国特色社会主义共同理想,与建设共产主义的最终目标相对应的是中国共产党人的最高理想即实现共产主义。

党和国家领导人高度重视共同理想。江泽民指出："在全社会形成共同理想和精神支柱,是有中国特色社会主义文化建设的根本。"④ 他还强调巩固和发展全国人民大团结是建立在建设有中国特色社会主义理想基础上的。胡锦涛总书记在党的十六届六中全会提出,中国特色社会主义理想是实现中华民族伟大复兴的必由之路,是全国各族人民团结奋斗的强大动力。⑤

---

① 中共中央文献研究室：《十二大以来重要文献选编》,北京：中央文献出版社2011年版,第1175页。
② 江泽民：《江泽民文选》(第2卷),北京：人民出版社2006年版,第15页。
③ 江泽民：《江泽民文选》(第3卷),北京：人民出版社2006年版,第560页。
④ 江泽民：《江泽民文选》(第2卷),北京：人民出版社2006年版,第33页。
⑤ 《中共中央关于构建社会主义和谐社会若干重大问题的决定》,载《时政文献辑览》,2007年第00期,第33—47页。

党的十八大报告指出："对马克思主义的信仰，对社会主义和共产主义的信念，是共产党人的政治灵魂，是共产党人经受住任何考验的精神支柱。"① 以习近平同志为核心的新一代领导集体站在新的历史起点，提出和深刻阐释了实现中华民族伟大复兴的中国梦的思想，丰富和发展了中国特色社会主义的共同理想信念。在党的十九大报告上，习近平提出："要知行合一、言行一致，保持对理想信念的激情和执着，牢固树立正确的世界观、权力观、事业观，用自己的实际行动为坚持和发展中国特色社会主义、为实现共产主义远大理想不懈奋斗。"②

（三）共产主义理想信念与中国特色社会主义共同理想信念

共产主义理想信念是中国共产党人的最高理想和最终目标，中国特色社会主义理想信念是当前在我国建设社会主义的阶段目标和团结凝聚人民群众的共同理想。共产主义理想信念与中国特色社会主义理想信念内在统一，二者都是以马克思主义为指导的，是社会不同建设阶段的不同目标在人的头脑中的体现，二者具有共同的价值取向和目标。强调实现个人和社会的全面发展，遵循马克思所揭示的人类社会发展规律，强调生产关系要适应生产力的发展，只有通过发展提高生产力，不断提高人民生活水平，才能消除两极分化，逐步实现人的全面发展，保证社会公平正义，才能实现共同富裕。

共产主义理想信念和中国特色社会主义理想信念也有一定区别。马克思对未来共产主义社会的主要特征的描绘包括：物质财富极大丰富，人民精神境界极大提高，每个人自由而全面的发展。共产主义社

---

① 本书编写组：《中国共产党第十八次全国代表大会文件汇编》，北京：人民出版社2012年版，第46页。

② 习近平：《在党的十九届一中全会上的讲话》，载《当代党员》，2018年第2期，第4—9页。

会是一种崭新的社会制度，是社会生活的各方面的发展，特别是人的全面自由的发展。马克思和恩格斯对共产主义社会有许多经典论述，但是只是指出了共产主义社会发展的方向、原则和基本特征，而未来社会的发展的具体实践特征有待后来的丰富和发展。马克思的理想和信念是崇高的，但其实现需要经过漫长和曲折的历史进程。共产主义远大理想是需要逐步分阶段实现的，在当代中国，实现中华民族伟大复兴的中国梦，建设中国特色主义就是在共产主义理想指引下的现阶段奋斗目标。

科学理解马克思主义和中国特色社会主义二者的关系，对于当代大学生树立坚定的共产主义远大理想和全面理解中国特色社会主义共同理想具有重要意义。

首先，共产主义远大理想和中国特色社会主义共同理想一脉相承。马克思主义是当代中国立党立国的根本指导思想，是近代中国人民经过艰辛探索而找到的实现国家独立民族复兴的正确指导思想，是经过实践充分证明的科学真理。在中国革命和社会主义建设的伟大历程中，中国共产党人不断将马克思主义与中国具体实际相结合，产生了毛泽东思想和中国特色社会主义理论体系两大理论成果。

其次，必须认清共产主义理想实现的长期性和中国特色社会主义理想的现实意义。马克思主义在揭示人类社会一般发展规律基础上指明了人类社会必将发展到共产主义社会，并描述了共产主义社会的主要特征：消灭了阶级剥削和压迫，实现人人平等，国家消亡，战争不复存在；消灭了私有制，社会成员共同占有生产资料，共同生产；由于物质文明和精神文明的高度发达，实现了各尽所能，按需分配的原则；全体社会成员具有高度的共产主义觉悟和道德品质，个人得到全面自由的发展。在当代中国，中国特色社会主义是共产主义远大目标的阶段建设任务。共产主义社会的实现必然是一个漫长的过程，而我国还处于社会主义初级阶段，因此，必须脚踏实地从实际情况出发制定现阶段的奋斗目标，逐步向共产主义远大理想迈进。

马克思在论述共产主义社会时，把人的自由全面发展作为重要特征，并且指出只有在集体中个性才能得到自由发展，因此当代大学生在确立马克思主义理想时应该将自我完善和社会的发展要求结合起来，应该在服务社会中实现自我价值，在贡献社会过程中完善自我。马克思在年轻时曾经写道"我们在选择职业时所应遵循的主要方针，是人类的幸福和我们的自我完善。……人们只有为了同时代人的完善，为了他们的幸福而工作，他自己才能达到完善。"① 在自我完善过程中，应该将个人的职业理想和社会理想相统一，职业理想只有和社会理想相结合才能得到更好地发展。当代大学生应该坚定建设中国特色社会主义的理想，将个人的发展和国家社会主义现代化建设的要求结合起来。建设中国特色社会主义的理想是全体中国人民共同追求的目标和愿景，必须依靠全国人民的共同努力去实现，必须依靠个体在实现个人理想的实践过程中实现。在实现个人理想的实践过程中应该坚持近期理想和远大理想的结合，个人的理想应该有总体规划，也应该分阶段地实现目标，通过不断实现一个个近期目标，从而更加坚定对共产主义远大理想的追求。共产主义远大理想是在现实社会基础上提出的，同时具有对现实社会的超越性，是对未来理想社会的追求，在这个追求过程中必然伴随着曲折和困难，个人理想的实现也会遇到各种挫折。面对个体客观条件的变化，个体理想的某些方面必然有所调整，但是这些调整必须符合社会发展趋势的要求和自我完善的需求，因此对共产主义理想信念的坚定追求并不是一劳永逸的，而是伴随个体一生的。

---

① 马克思、恩格斯：《马克思恩格斯全集》（第1卷），中共中央马克思恩格斯列宁斯大林著作编译局编译，北京：人民出版社1995年版，第455页。

四、"中国梦"

(一)"中国梦"的提出和表述

2012年11月29日,习近平总书记带领新一届中央领导集体在国家博物馆参观"复兴之路"时说:"现在,大家都在讨论'中国梦',我以为实现中华民族的伟大复兴,就是中华民族近代以来最伟大的梦想。"① 综合讲话的大意,习近平总书记用"中国梦"高度概括了中华民族近代以来的共同目标追求,即实现中华民族伟大复兴,这个梦想包含了"两个一百年"的奋斗目标,体现了中华民族、中国人民的整体利益,也是每一个中华儿女的共同期盼。同时,这个梦想内在包含了党的历史使命和责任担当,包含了每一位中华儿女在所选择的道路上的持续努力。中国梦是中华民族伟大复兴的形象表达。这次讲话提出了"中国梦",也是对中国梦的一次集中释义。

在2013年3月17日的《在第十二届全国人民代表大会第一次会议上的讲话》中,习近平明确提出,"实现中华民族伟大复兴的中国梦,就是要实现国家富强、民族振兴、人民幸福,既深深体现了今天中国人的理想,也深深反映了我们先人们不懈追求进步的光荣传统。"②

"中国梦的本质是国家富强、民族振兴、人民幸福。"③ 国家富强、民族振兴、人民幸福是中国近代以来无数仁人志士、全体中华儿女的共同心声。中国拥有五千年文明历史,在16世纪之前对世界文明的发展起到了巨大的推动作用。19世纪初,中国的经济规模仍在世界经济体系

---

① 习近平:《习近平谈治国理政》(第1卷),北京:外文出版社2018年版,第36页。
② 习近平:《习近平谈治国理政》(第1卷),北京:外文出版社2018年版,第39页。
③ 习近平:《习近平谈治国理政》(第1卷),北京:外文出版社2018年版,第56页。

中占据重要位置。但是近代封建保守的思想导致闭关锁国，国力日衰，被西方的坚船利炮打开国门，遭受了百年屈辱，中断了中国历史上的辉煌。百年的苦难史，也是百年的奋进史，是中华民族救亡图存的过程，是无数仁人志士抛头颅洒热血挽救民族于危亡的过程，也正是这样一个过程，使得中华民族史无前例地团结在一起，这样一个过程使得亿万华夏儿女逐渐清醒地认识到我们的国情，坚定了自己的选择。随着1949年毛主席在天安门城楼上宣言中华人民共和国成立了，中国人民在政治上站了起来。1978年开始的改革开放，使得中国人民在经济上站了起来。而今进入新时代，以习近平同志为核心的党中央着力解决"强不强"的问题，力争分两步走在21世纪中叶把中国建成社会主义现代化强国，实现经济、政治、文化等领域全面复兴。

国家富强，就是要全面建成小康社会，并在此基础上建设富强民主文明和谐美丽的社会主义现代化强国。这四个字从字面上很好理解，但是仔细揣摩，"富"和"强"二者之间是相互联系的，要辩证地看待。纵观世界历史发展的进程，一个贫穷落后的国家是不能称为"强国"的。但是，富裕的国家也不一定能够称为"强"。譬如沙特阿拉伯，其人均国民生产总值稳居世界前列，但是军事力量不够强大，政治舞台扮演的角色不重要，重大国际组织参与度不高，在国际事务中拥有较少的话语权。可见经济实力固然重要，但绝对不是决定国家强盛的唯一因素。从邓小平启动改革开放的大业，党的十八大以来，我国国内生产总值（Gross Domestic Product，GDP）稳居世界第二，我们实现了"富"，但"强"还未实现。所以，我们不仅要关注物质生活，也要注重提高自身的军事实力、国防能力等，也应关注思想文化观念领域的非物质性因素，增强文化软实力，提升价值认同感等。

民族振兴，就是要使中华民族更加坚强有力地自立于世界民族之林，为人类做出新的更大的贡献，是"中国梦"的重要目标。在中国共产党的领导下，中华民族推翻了压在头顶的三座大山，重获了民族的独立自主，中华儿女的自尊心、自信心得以增强，以平等的身份登上世界舞台，并日益走近世界舞台中心。

同时，国家的强大离不开民族的振兴。现今，中国的经济水平显著提高，若想进一步增强自己的综合国力，在国际竞争中处于有利地位，必须加快民族振兴的步伐。实现民族振兴，将会推动我国的社会主义现代化建设，有利于实现社会的发展与进步，增强我国的国际影响力。为世界的和谐发展做出更大的贡献。

人民幸福，就是要坚持以人民为中心，增进人民福祉，促进人的全面发展，朝着共同富裕的方向稳步前进。习近平总书记指出："中国梦是人民的梦，必须同中国人民对美好生活的向往结合起来才能成功。"①"全党同志一定要永远与人民同呼吸、共命运、心连心，永远把人民对美好生活的向往作为奋斗目标，以永不懈怠的精神状态和一往无前的奋斗姿态，继续朝着实现中华民族伟大复兴的宏伟目标奋勇前进。"② 这些重要论述说明了"中国梦"的最高价值追求就是实现人民幸福。中国梦归根结底是人民的梦。

中国这样一个发展中大国，有着十三亿多人口，必须要靠一个坚强的领导核心来解决人民的衣食住行、维持社会的正常运行、实现人民的幸福。中国共产党的宗旨是全心全意为人民服务，是中国梦的倡导者、推进者和领导者，在新时期全面从严治党，锻造坚强的领导核心，就是实现人民幸福首先需要关注的问题。③ 目前我国社会的主要矛盾已转化为人民日益增长的美好生活需要和不平衡不充分的发展之间的矛盾。实

---

① 习近平：《习近平谈治国理政》（第 2 卷），北京：外文出版社 2018 年版，第 30 页。
② 习近平：《决胜全面建成小康社会 夺取新时代中国特色社会主义伟大胜利》，载《人民日报》，2017 年 10 月 28 日，第 1 版。
③ 朱宗友：《"三不"反腐机制思想及其对实现中国梦的意义》，载《马克思主义研究》，2016 年第 7 期，第 33—39 页。

现中华民族伟大复兴中国梦就是要使人民享有更平衡更充分的发展，满足人民日益增长的生产和生活的需要，同时也让人民群众得到与之相适应的精神财富，最终实现每一个中华儿女追求的幸福。"中国梦"从一定意义上来说是每一个中华儿女的梦，"中国梦"要靠每一个中华儿女共同的支持和参与来实现，其成果也要由每一个中华儿女来共享。

"中国梦"的主体是海内外的中华儿女，实现中国梦必须走中国道路，实现中国梦必须弘扬中国精神，实现中国梦必须凝聚中国力量。2013年10月21日，习近平在欧美同学会成立100周年庆祝大会上的讲话中号召广大留学人员"把自己的梦想融入人民实现中国梦的壮阔奋斗之中，把自己的名字写在中华民族伟大复兴的光辉史册之上。"①

2014年6月6日，习近平在会见第七届世界华侨华人联谊大会代表时，讲道"实现中华民族伟大复兴是海内外中华儿女共同的梦。"②"中国梦既是中国人民追求幸福的梦，也同各国人民追求幸福的梦想相通。"③ 此次讲话，再次明确了中国梦的主体是海内外的中华儿女。

2016年7月1日，习近平在庆祝中国共产党成立95周年大会上，号召全体党员："我们要把理想信念教育作为思想建设的战略任务，保持全党在理想追求上的政治定力，自觉做共产主义远大理想和中国特色社会主义共同理想的坚定信仰者、忠实实践者，在全面建成小康社会、实现中华民族伟大复兴中国梦的历史进程中充分发挥先锋模范作用。"④

2016年10月21日，习近平在纪念红军长征胜利80周年大会上的讲话中，讲道"每一代人有每一代人的长征路，每一代人都要走好自己的长征路。今天我们这一代人的长征，就是要实现'两个一百年'奋斗

---

① 习近平:《习近平谈治国理政》（第1卷），北京：外文出版社2018年版，第58页。
② 习近平:《习近平谈治国理政》（第1卷），北京：外文出版社2018年版，第63页。
③ 习近平:《习近平谈治国理政》（第1卷），北京：外文出版社2018年版，第64页。
④ 习近平:《习近平谈治国理政》（第2卷），北京：外文出版社2018年版，第35页。

目标、实现中华民族伟大复兴的中国梦。"① 鼓励中华儿女不忘初心，弘扬长征精神实现中国梦。

2013年4月28日，习近平在同全国劳动模范代表座谈时的讲话中，讲到中国梦内在包含的"两个一百年"的奋斗目标，讲到脚踏实地的劳动对实现中国梦的重要性。"真抓才能攻坚克难，实干才能梦想成真。"② 体现了实现中国梦要紧紧依靠人民脚踏实努力的思想。

2019年4月30日，在纪念五四运动100周年大会上的讲话中，习近平总书记指出，"实践充分证明，中国青年是有远大理想抱负的青年！中国青年是有深厚家国情怀的青年！中国青年是有伟大创造力的青年！无论过去、现在还是未来，中国青年始终是实现中华民族伟大复兴的先锋力量！"

2018年11月12日，习近平在会见香港、澳门各界庆祝改革开放40周年访问团时的讲话中讲道，"实现中华民族伟大复兴，港澳同胞大有可为，也必将带来香港、澳门发展新的辉煌。行百里者半九十。全体中华儿女要同心协力、坚忍不拔、风雨无阻、勇往直前，矢志实现我们的目标。希望广大港澳同胞和社会各界人士同内地人民一道，不断开创'一国两制'事业新局面，为创造港澳同胞更加美好的生活、为实现中华民族伟大复兴的中国梦而团结奋斗！"③

2019年1月2日，习近平在《告台湾同胞书》发表40周年纪念会上的讲话中指出，"中国梦是两岸同胞共同的梦，民族复兴、国家强盛，两岸中国人才能过上富足美好的生活。在中华民族走向伟大复兴的进程中，台湾同胞定然不会缺席。两岸同胞要携手同心，共圆中国梦，共担

---

① 习近平：《习近平谈治国理政》（第2卷），北京：外文出版社2018年版，第48—49页。
② 习近平：《习近平谈治国理政》（第1卷），北京：外文出版社2018年版，第48页。
③ 习近平：《习近平谈治国理政》（第3卷），北京：外文出版社2020年版，第401页。

民族复兴的责任，共享民族复兴的荣耀。"①

在"中国梦"与世界的关系上，2013年5月，习近平在接受特立尼达和多巴哥、哥斯达黎加、墨西哥这拉丁美洲三国媒体联合书面采访时讲道，"实现中国梦，必须坚持和平发展。""不仅造福中国人民，而且造福世界人民。"② 在此次讲话中，体现了中国梦是和平发展的梦。

从"中国梦"被"习近平同志多次提到和表述的过程可以看出，中国梦凝聚了近代以来中国仁人志士、海内外中华儿女的愿望，是中国共产党无数先辈的奋斗目标，也是新时代党的领导及全体党员的奋斗目标、理想信念，也是中国青年，特别是新时代大学生的理想信念。

（二）"中国梦"与新时代大学生的理想信念

理想信念是大学生成长成才的精神动力，"中国梦"是中国特色社会主义共同理想和共产主义最高理想在新时代的具体反映，是新时代大学生理想信念的具体写照。习近平同志指出，"新时代中国青年要树立对马克思主义的信仰、对中国特色社会主义的信念、对中华民族伟大复兴中国梦的信心，到人民群众中去，到新时代新天地中去，让理想信念在创业奋斗中升华，让青春在创新创造中闪光！"③ 这次讲话进一步明确了实现"中国梦"是新时代中国青年的理想信念。

中国梦是共产主义理想和中国特色社会主义共同理想在现阶段的高度凝练。理想之所以为理想，就是人们对未来发展目标的设立和向往。"中国梦"高度概括了共产主义理想和中国特色社会主义共同理

---

① 习近平：《习近平谈治国理政》（第3卷），北京：外文出版社2020年版，第406页。
② 习近平：《习近平谈治国理政》（第1卷），北京：外文出版社2018年版，第57页。
③ 习近平：《习近平谈治国理政》（第3卷），北京：外文出版社2020年版，第334页。

想在现阶段的具体体现，内在地包括了"两个一百年"的奋斗目标。共产主义理想是我们对未来理想社会的向往，是最终目标和远大理想，中国共产党人向来是最高纲领和最低纲领的统一论者，在近期我国的经济社会发展目标是建设中国特色社会主义，这是我们的共同理想，具体到中国特色社会主义的发展进入新时代，实现"两个一百年"的奋斗目标，归根结底就是要实现中华民族的伟大复兴，即是实现"中国梦"。这是新时代经济社会发展的目标，是我们全体中华儿女的社会理想。中国梦的时间属性决定了中国梦是新时代大学生的理想信念。每一个时代的人都有每个时代人的使命和责任，在实现共产主义理想的进程中，包含所有大学生在内的中华儿女的新时代的理想信念就是中国梦。

中国梦来源于近代以来中华民族在遭受民族危难的过程中追求独立，追求民族复兴的朴素感情和迫切愿望，反映了近代以来全体中华儿女的心声。从时间纵轴上看概括了近代以来到21世纪中叶中华民族追求民族独立、民族解放和民族复兴的整个历程；从主体上说，是所有炎黄子孙、华夏儿女追求独立、富强、复兴的愿望，高度概括了全体中华儿女的社会理想。新时代的大学生成长于改革开放后，无论从年龄角度还是从知识层次上看，都是实现"两个一百年"的重要生力军。因此，从主体上说，中国梦是新时代大学生的理想信念。

2013年5月4日，习近平在同各界优秀青年代表座谈时的讲话中提到，中国梦是历史的、现实的，也是未来的。中国梦是国家的、民族的，也是每一个中国人的。中国梦是我们的，更是青年一代的。其中，总书记特别谈道，"中国梦是全国各族人民的共同理想，也是青年一代应该牢固树立的远大理想。中国特色社会主义是我们党带领人民历经千辛万苦找到的实现中国梦的正确道路，也是广大青年应该牢固确立的人生信念。"① 这里习近平总书记明确了新时代青年人的理想和信念，明确了中国梦是青年一代的理想，中国特色社会主义就是青年一代的人生信念。

　　正如习近平总书记所讲，从当前在校大学生的年龄看，"两个一百年"奋斗目标的实现，新时代大学生是主力军。新时代大学生中积极向党组织靠拢的思想先进的分子要树立共产主义的远大理想，树立中国特色社会主义的共同理想，同时，所有的大学生都应该树立为中华民族伟大复兴而读书的社会理想。正是在这个意义上讲，中国梦就是新时代大学生的理想信念。

---

①　习近平：《习近平谈治国理政》（第1卷），北京：外文出版社2018年版，第50页。

第二章 新时代大学生理想信念的特性、现状及影响因素分析

理想信念作为一种特殊的精神现象,对大学生的成长扮演重要角色,起着人生目标和引领作用。大学生处于独特的成长阶段,其理想信念具有一定的特殊性。当代大学生成长具有特定的社会环境,尤其受到新兴网络媒体和多元文化传播的影响,其理想信念形成必然受到现实外部环境的影响,一方面主流健康向上,另一方面也存在一些不容忽视的问题。本章主要探讨大学生理想信念的内涵,其成长阶段,以及理想信念的主要特征,然后重点对当代大学生的特点,以及他们的理想信念的现状和影响因素进行分析。

一、大学生理想信念的内涵和特性

大学生正处于特定的人生阶段,其理想信念有自身特殊的规定性,正确认识大学生理想信念的特性是对大学生理想信念教育引导的前提。

(一) 大学生理想信念的内涵

在这里,"大学生理想信念"特指社会政治理想信念。如前所述,

在不同社会生活领域有不同的理想，每个人心中都有不同领域、不同层次的理想。作为社会教育引导的目标，作为团结凝聚建设力量的目标，大学生理想信念与社会的任何一个群体的理想信念一样都是特指与社会发展建设目标一致的社会政治理想。也即中国特色社会主义的共同理想信念和共产主义的远大理想信念。

教育引导性是大学生理想信念的特殊规定性。大学生因为其特定的人生阶段和不同的成长经历，大学生的理想信念具有不同于成人的可塑性、动态波动性，因此，对大学生来说，其理想信念更多地包含了教育和引导的成分。也即，大学生的理想信念与人民大众的理想信念一致，但是因为其可塑性和动态波动性，又有了自己特殊的规定性，即教育引导性。同时，因为其动态波动性，教育引导又必须是深层次的，不能只满足于说教、解释和灌输层面，必须深入大学生的内心并为他们真正接受。

《中共中央、国务院关于进一步加强和改进大学生思想政治教育的意见》提出了大学生理想信念教育的目标"确立在中国共产党领导下走中国特色社会主义道路、实现中华民族伟大复兴的共同理想和坚定信念。"[1]

（二）大学生理想信念的特性

大学生一般18岁入学，22岁本科毕业，从生理角度看他们还处在生长发育期，从心理角度看他们心智还没有完全成熟，其自身正处在对社会和人生积累认识的关键时期，也是社会政治理想形成并趋于稳定的关键时期，可塑性强。同时由于一直接受学校教育，大学生接触社会现实少，社会经验缺乏。由于对新的媒体技术和信息获取渠道的掌握和使

---

[1] 孙亚军、果文力：《加强思想政治教育的理想信念》，载《中国集体经济》，2011年第19期，第175页。

用,容易片面接受不良信息的干扰,缺乏辨别能力。笔者经过对北京交通大学各专业近20名大学生进行访谈,结合实际工作中的接触,进一步加以概括,大学生的理想信念特别是社会政治理想和信念有以下特性。

1. 大学生社会政治理想随着理性认知的成熟而趋于成熟

首先,大学阶段的理性认知为社会政治理想的定型提供了基础。大学生对社会政治理想的关注具有其自身的主客观条件。主观上,青年时期正是人的一生中对未来发展和理想实现的最敏感、最执着的时期。进入大学后,青年大学生从原来执着于高考的单一目标开始转向关注未来和社会,关注社会发展和个人职业理想,其中,对社会政治理想的关注热情尤其高涨。客观上,大学生正处在人生的关键时期,随着年龄的增长、社会经验和阅历的增加,他们对很多的社会现象和社会问题开始有了自己的理性思考,理性认知在其认知中逐渐成为主导,理性认知以事物的本质规律为认识对象,是对事物的内在联系的认识,具有抽象性、间接性、普遍性。同时在我国的学校教育条件下,进入大学后,青年大学生摆脱了高考的压力,课程的安排也为他们的自主活动提供了更大的自由度,而高校又是青年人聚集的地方,相互之间基于共同关心的话题的交流和碰撞提高了对未来和社会特别是社会政治理想的关注度。

其次,大学生在理性认知方面的相对欠缺又造成了其社会政治理想的波动性。大学生在青年时期就有了一定的理性认知基础,相对于整个人生而言,青年时期对社会、对人生的理性认知都还不稳定。这一方面是因为在人的一生中理性认知都是一个不断深化的过程,尤其是对于人生和社会;另一方面,青年大学生因为社会阅历的缺乏和社会经验的不足,根据自己的认知进行判断和推理容易产生偏激和错位的认知。青年大学生对新生事物的接受能力强,往往是新理论、新学说的率先接受者和传播者,在他们开始深入和集中地关注社会和未来,尤其是社会政治的时候，他们对于与学校传统教育不同的社会理论和思潮有着更浓厚的兴趣；他们也是新的传播手段和新媒体的率先使用者，是新潮流的追逐者，在接受众多信息的同时也容易被谬误和虚假信息所误导。可以说，大学生的社会政治理想是在不断波动中趋向稳定的。

2. 大学生社会政治理想在与其他层次理想的互相碰撞中趋于稳定

总体上，大学时期是青年相对集中地思考未来和确定理想的时期，由于未来的未知和不确定，在理想范围内包含的各个层次的理想如生活理想、职业理想、道德理想都成为他们在这一时期思考和确定的对象。因此，在整体上社会政治理想的稳定和确定是在与其他层次的理想相互碰撞中互相影响并最终实现的。因此，在对大学生进行引导的同时必须考虑他们所面临的理想的整体碰撞性和层次性，并且还需要厘清大学生各个层次理想的相互影响的关系。

首先，职业理想是社会政治理想建立巩固的基础和桥梁。大学是步入职场的准备期，从家庭教育和个人深造的出发点来看，大学阶段大学生首要和现实的目标就是谋求职业发展。对职业的认识和定位一直伴随着大学生的学习生涯，其重要性在不同的学年逐渐发生变化。职业理想是贯穿大学生生活的一条主线，大学生对职业理想的关注度随着年级的升高而越来越高，它作为大学生的利益关切点，深刻地影响着他们对社会和人生的看法。他们最深刻、最直观、最现实地对社会和人生的看法都来自他们探索职业发展和自我发展之路中的直观感受，从而，职业理想的实现程度和他们在职业理想实现过程中的感悟成为他们建立社会政治理想的心理基础。由于职业发展关乎社会政治经济各项制度，职业理想的实现与否和实现程度会一直影响一个人的社会政治理想，因此，职业理想是人的社会政治理想建立和巩固的桥梁。

其次，大学生往往以道德理想对社会政治理想进行简单的道德评判。道德本身作为上层建筑的组成部分，是社会现实和社会政治经济发展的反映，对于社会生活中的个体而言，每个人在日常生活中更切实体会到的是社会道德和道德发展对他们生活的影响，因此，人们往往通过其切身感受到的道德水平和他理想中道德水平的差距对一个社会的发展做出主观评价。因此，恩格斯说过，"每一个阶级，甚至每一个行业，都各有各的道德"①。对于具有社会实践经验和社会阅历的人来讲，他们对于道德现实与道德理想、道德理想与社会制度会有一个理性的认识并主动去改善社会道德的现实。而大学生往往从自身对社会现实的理解和看法出发对社会发展和社会现实进行道德评价，特别是对社会政治理想进行简单道德评判。对于年轻的大学生而言，他们的道德理想因为缺乏社会实践经验的支撑而过于理想化，又因为阅历的单一而明显带有主观性色彩。大学生往往对社会政治理想进行简单道德评价。

最后，生活理想的实现关系到大学生对社会政治理想的情感倾向。生活理想是每个人从小在家庭生活中就开始感知并在感知现有的生活状况的基础上逐渐建立的对未来理想生活状态的一种向往。由于生活理想涉及社会生活的方方面面，小到家庭生活的具体安排，大到关系家庭生活的各项社会制度，因此生活理想的实现程度有很多相关因素，在这些因素中，存在着相关性原则，也就是越是与其生活相关性大的因素对其生活理想是否实现的干预越大。在一个安定的社会环境中，越高的生活理想的实现越需要社会各项政治制度的支持。生活理想作为一种理想总是相对于社会现实具有一定的超越性，基于对改进现实的需要，人们总是对关乎生活理想的社会制度提出改进和提高的希望，这种改进和提高的希望本身就是社会政治理想的一部分。从人生的幸福和意义的角度来看，生活理想的实现程度是与生活幸福感直接相关的，生活理想越能得到实现，生活的幸福感越强，对社会制度和社会现实就越满意。对于大

---

① 马克思、恩格斯：《马克思恩格斯全集》（第21卷），中共中央马克思恩格斯列宁斯大林著作编译局编译，北京：人民出版社1965年版，第333页。

学生来讲，他们正处于建立自己家庭生活的前期，对于工作、住房、恋爱、婚姻和未来的家庭生活都开始进行计划和安排，并对实现相应生活理想的社会条件进行了解，产生自己的见解和评价，从而形成对社会制度的看法，这些看法在一定程度上影响着他们社会政治理想的建立。对某些社会现实不满意可能直接导致他们对社会政治制度的不满意。

3. 大学生更加认同社会政治理想的内生转化而抵触传统灌输

首先，灌输方法的有效性依赖于一定的条件。传统思想政治教育采用的灌输的教育方法在一个主体的成长过程中确实起着重要的奠基作用，但是灌输教育方法的实施有其必要条件。一是在灌输的方式上，必须在尊重受教育者主体选择权的基础上开展，如果脱离受教育者的主体性进行灌输，一旦受教育者发现有任何不符合实际的情况，往往会全盘推翻所接受的灌输教育；二是在灌输的内容上，必须结合社会现实情况，聚焦焦点问题，以理服人，不能不考虑社会实际，简单自说自话，总用一成不变的所谓传统正宗理论不断进行简单重复。如果脱离这两个实施灌输方法的必要条件，灌输的教育方式不仅不能起到预期的教育效果，还有可能激发受教育者的逆反心理。

其次，大学生的特殊成长阶段使得他们对传统灌输更具有抵触心理。对于青年大学生来讲，他们还处于叛逆期，并且理想尤其是社会政治理想还不稳定，他们对脱离现实的说教，对不尊重他们自主权的灌输会产生极大的反感和抵触心理。在外在表现上，有的人或者表里不一，在教育者面前顺从其意志说着教育者想听的话，而私下则我行我素；或者完全无视，公然抵制所谓正统的教育，有的甚至传播网络上的不良言论。再加上社会上的一些不良风气和丑恶现象与他们接受的灌输教育存在反差，使少数大学生对正统的教育内容和教育方法反感，对教育者反感，对社会舆论导向反感，对正面的说教反感，甚至对教育内容的真实性产生怀疑，对老师也失去信任。

最后，大学生更加认同社会政治理想的内生转化。大学生因为正处于身体和心理走向成熟的时期，也是他们完全掌控自我的开始，在这个时期他们更加相信自我认知得来的结果，他们更加需要外界尤其是成人对他们特别是他们自我认知的尊重。经过对客观事实的认知，经过各种说法的相互比较，经过在他们同辈间的相互讨论，在内心深处逐渐萌发出的对社会政治理想的认同更加具有不可撼动性。目前我们的思想政治教育工作仍然存在强硬灌输的现象，少数教育者在没有深入调查研究、没有掌握大量数据的情况下就简单地进行说教，忽视了大学生社会政治理想的树立需要内生转化的环节，也就是忽视了在尊重大学生主体和主体选择性的基础上进行教育的客观规律。因此，这是当前大学生社会政治理想树立过程中引导和教育必须进行纠正的。

4. 大学生对社会政治理想的接受往往停留在理论认知层面

首先，大学生在社会政治理想的树立方面具有理论认知优势。理论的认知是理想信念树立的前提。大学生对知识的理解和接受速度较快，具有理论认知优势，在社会政治理想的树立方面，大学生善于运用高科技手段迅速完成相应的信息收集，对于马克思列宁主义和中国特色社会主义理论体系的学习、理解和吸收都很快，对新的理论和动态的掌握也比较及时，这些都为大学生社会政治理想信念的树立奠定了基础。

其次，理论认知层面社会政治理想的树立缺乏相应的信念支撑。大学生从理论认知层面理解和接受社会政治理想是其优势，但是这一优势往往也造成大学生的社会政治理想缺乏信念支撑。大学生能够很快理解社会主流认可的社会政治理想或者是教育者希望他们能够树立的社会政治理想是什么，在没有其他方面的理论干扰时，他们在很大程度上也愿意接受这种社会政治理想，但是一些人内心并不是很坚决，在教育者需要的时候他们可以顺从其意志，无可无不可地接受所谓主流的社会政治理想，但是当他们在社会生活中遇到困难或挫折时，他们就会逐渐动摇并从自身的实践和感性认知中重新确立自己的社会政治理想。因此，对大学生树立社会政治理想来说，他们更多地是从认知层面树立了社会政治理想，而没有真正确立相应的信念，没有信念支撑的理想往往是不稳固的。

（三）大学生理想信念的作用与意义

理想信念对个人的发展与成长起着重要作用。理想之于人的重要性不言而喻，人如果没有理想就没有目标，也就没有了动力。

在国家发展层面，社会政治理想信念具有团结凝聚政党、民众朝着既定目标努力的重大作用。在革命年代，为追求共产主义理想信念，共产党人不惜流血牺牲，在建设时期，理想信念又激励着人们投入社会主义现代化建设的热情。当前，面对改革攻坚中社会利益的深刻调整，面对各种文化思想的激荡影响，人们更需要有坚定的理想信念，才能解决面临的问题和挑战，才能更好地前进和发展。中国共产党历来重视理想信念对于团结凝聚人民群众，特别是对于塑造引领青年人的重要作用。邓小平同志高度重视理想信念对全党和全国各族人民的团结作用，他讲道："为什么我们过去能在非常困难的情况下奋斗出来，战胜千难万险使革命胜利？就是因为我们有理想，有马克思主义信念，有共产主义信念。"[①] 他还从社会主义事业发展的高度提出了"四有"新人的社会主义青年培养目标。党的十四大提出，"在全国各族人民特别是青少年中，进一步加强党的基本路线教育，爱国主义、集体主义和社会主义思想教育，近代史、现代史教育和国情教育，增强民族自尊、自信和自强精神，抵御资本主义和封建主义腐朽思想的侵蚀，树立正确的理想，信念和价值观。"[②] 2007 年，党的十七大报告提出，"加强党员、干部理想信

[①] 邓小平：《邓小平文选》（第 3 卷），北京：人民出版社 1993 年版，第 110 页。
[②] 江泽民：《江泽民文选》（第 1 卷），北京：人民出版社 2006 年版，第 238 页。

念教育和思想道德建设，使广大党员、干部成为实践社会主义核心价值体系的模范，做共产主义远大理想和中国特色社会主义共同理想的坚定信仰者。"① 2014 年 9 月 30 日，在庆祝中华人民共和国成立 65 周年之际，习近平同志强调，大力培育和践行社会主义核心价值观，用共同理想信念凝聚民族意志，用中国精神激发中国力量，动员全体中华儿女共同创造中华民族新的伟业②。由此可见，理想信念之于一个民族、一个国家、一个政党的重要意义。

从社会发展和个体发展的角度看，大学生理想信念都具有重要的作用和意义。

从社会发展角度看，大学生是民族的希望、祖国的未来，是中国特色社会主义事业建设者和接班人，大学生树立科学正确的理想信念，一方面是国家繁荣富强、持续发展的保障，另一方面是社会主义事业后继有人、兴旺发达的保证。2014 年 12 月 29 日习近平对全国高等学校党建工作做出重要指示强调，"高校肩负着学习研究宣传马克思主义、培养中国特色社会主义事业建设者和接班人的重大任务"③。由此可见，大学生理想信念特别是中国特色社会主义共同理想、共产主义理想信念的确立对我国经济社会发展、社会主义建设事业意义重大。

从个体角度看，大学生树立科学的理想信念既具有人生目标和航向的作用，又有现实的引导意义。大学生朝气蓬勃，正处于人生的重要发展时期，同时，因为在基础教育阶段对社会现实接触较少，而学习又是明确和单一的以考入大学为目的的，真正进入大学之后反而会一下陷入茫然失措中，理想的树立迫切而现实。如前所述，理想分为不同层次，

---

① 胡锦涛：《胡锦涛文选》（第 2 卷），北京：人民出版社 2016 年版，第 653 页。
② 习近平：《用共同理想信念凝聚民族意志 用中国精神激发中国力量》，载《人民日报》，2014 年 10 月 1 日，第 2 版。
③ 习近平：《习近平就高校党建工作作出重要指示强调 坚持立德树人思想引领 加强改进高校党建工作》，载《教育现代化》，2014 年第 2 期，第 54 页。

社会政治理想对于不同层次的理想都有统领作用,大学生树立正确的社会政治理想对其人生发展具有重大作用。社会政治理想的树立引导大学生人生方向。大学时期是一个人第一次集中思考人生和社会的重要时期,经过思考、论证往往在这一时期树立或者打下未来社会政治理想的基础。社会政治理想的树立直接关系着他们的世界观、人生观和价值观,也就决定了他们对于自己未来职业发展、生活愿景、社会道德定位各个方面。20世纪80年代初邓小平同志就对青年人提出了做"有理想、有道德、有文化、有纪律"的"四有新人"的要求,而在"四有"中,"有理想"是居于首位的,没有理想的大学生是迷茫和颓废的,没有理想的大学生心灵是空虚的。大学生不仅要有理想,而且还要树立远大、科学的理想,只有将个人的理想融于祖国和民族的发展中,将个人的发展置于社会发展的大潮流中才能真正实现个人的理想。

在一定意义上,社会政治理想是大学生在成长过程中必然要思考、必然要确立的,只不过有的清晰、有的模糊,有的反对主流社会的政治理想、有的树立了非主流社会政治理想。只有科学正确的政治理想信念才能激发人的无限斗志和创造力,才能使得大学生积极响应祖国和时代的号召,投身社会建设的洪流,在祖国最需要的地方建功立业,不虚度时光。只有社会政治理想信念坚定明确,才能正确取舍,不在复杂的人生道路上迷失方向,最大限度地发挥个人的自我价值和社会价值。

二、新时代大学生的特点与理想信念的现状

新时代大学生具有自身特点,其理想信念主流是积极健康向上的,但同时也存在政治信仰迷茫等问题,受到社会信息和多元文化环境等多种因素影响,因此新形势下加强大学生理想信念教育具有重要的现实意义。

（一）新时代大学生特点分析

新时代大学生除具有大学生普遍具有的特点外，不可避免地受到特定社会历史阶段中各方面环境的影响和塑造，具体分析新时代大学生的特点，有利于对其理想信念形成过程和影响因素进行分析。

1. 自我期望值高

新时代的大学生生活在中国社会比较完善成熟的社会主义制度之下，他们从出生起就被尊重、被呵护，他们的家长作为新中国成立20年后成长起来的一代人，新的教育理念和尊重孩子的观念也已经树立起来，可以说，大多数的新时代的大学生是在尊重和鼓励的氛围下成长起来的，他们自我的概念建立的比较早也很强烈，对自身权利的争取和维护意识很强，对自我价值的实现也更加重视。加之计划生育政策的实施，使得每个家庭基本养育1—2个孩子，特别是大学生中的独生子女，家庭、父母更是对他们寄予厚望，更加推高了他们的自我期望值。

2. 学业就业压力大

新时代是全球竞争的世纪，新时代的中国更加开放自由，竞争也更加激烈，这一代学生进入大学时，高等教育已经由精英教育走向普及，市场经济走向成熟，在创造了更多就业创业机会的同时也对大学生的能力和素质提出了更高的要求，信息化的进程加快了知识的更新速度，学习成为伴随终身的任务。生活在新时代的大学生因此面临着更大的学业压力和就业压力，而这种学业和就业的压力使得大学生不得不面临着从中学时期全家关注、一切包办到自主自立、激烈竞争的巨大跨越，由此，他们也感觉到了巨大的学业和就业的竞争压力。

3. 教育投入的增加与家庭的过度关注同时存在

从新时代大学生的成长环境看，因为我国物质生活水平的提高，计划生育政策的实行,父母受教育的程度也逐渐提高,家庭更注重教育,并将资源较集中地投注到他们身上,他们也具有更多受教育的机会,并在被尊重和鼓励的环境中长大,但是,也正因为以上原因,他们在成长过程中受到了过多的关注。新时代大学生的家长,大致可以分为三类:一是家里经济条件较差的非独生子女家庭的家长。这类家长的教育程度较低,对孩子的期望值相对较低,对其学习和发展的引导能力相对较差,基本在孩子初中毕业以后,家长就不能再对孩子的学业和发展方面进行引导,这是成长环境相对宽松的一部分学生,但是这部分学生因为家长的引导和帮助的不足,给予的支撑不够,在大学里占的比例相对较低;二是占大部分比例的经济条件中等的工薪族,这类家长往往把工作之余的所有精力,把自身没有实现的希望,全部寄托到孩子身上,他们对孩子的引导教育往往追随社会潮流,功利性较强;三是教育程度较高、比较开明的家长,虽然更注重在发掘孩子特长的基础上对孩子进行引导教育,但是相对来讲,他们更倾向于利用自身的经验、社会关系等社会资源为孩子设计好未来发展之路,或者是借助自身的资源为孩子的发展铺路,在一定程度上干涉孩子发展的自主选择权。因此,新时代大学生一个显著的特点是个人的知识积累和各方面素质较高,主体成长的独立性却因为受到过度关注而难以及时和顺利的发展。

4. 主体性发展向自我性偏离

当代大学生的主体性,不论是主体意识还是主体能力明显高于20世纪的大学生,这是主体性发展的进步,但是,在市场经济和商品社会的冲击下,这种主体性的成长过多地掺杂了以功利性为特征的自我性。集体主义原则、全局观念、奉献意识减弱,主体性的发展向自我性偏离。具体表现为凡事以自我为中心,只考虑个人感受,单纯强调自我权利的维护等。自我性必然会衍生个人主义,人是社会的人,人的主体性发展的过程和人的社会化过程是同步的,不站在更高的角度考虑问题必然会局限主体的发展。

5. 理论知识学习与社会实践经验形成落差

主体意识与主体能力的形成有赖于社会实践经验的积累，当前我国教育的在校学习模式，使得在校大学生理论知识学习较多，而社会实践经验相对较少，具体表现为做事过于理想化、不考虑社会现实、可执行能力偏低甚至因缺乏社会知识容易上当受骗，这种落差制约了大学生主体意识的真实定位和主体能力的发展。

6. 智力因素与非智力因素发展失衡

在我国，高等教育还远远没有达到普及的程度，大学生基本属于高智力群体，同时应试教育的存在使得学校、家庭某种程度上更偏重对智力开发和培养的关注，使得在校大学生群体整体上智力发展明显高于非智力因素的发展，表现为意志力薄弱，耐挫能力差，以自我为中心，同理心淡漠等，这就阻碍了他们主体性的平衡发展。

7. 个体发展的需要滞后于自身的成熟

当代大学生的生理成熟与心理成熟出现落差，随着个体的成长会有相应的生理和心理的需求，而自身的能力发展还不足以支持满足这种需求，形成一种主体性发展的内在矛盾。具体表现为：一方面大学生渴望走向独立，对外界的过多关注和干预感到厌倦、反感，生理年龄已经达到独立阶段；另一方面，当面对具体事情需要做决定时，他们又往往拿不定主意；大学生的自主能力、自律能力以及社会责任感与社会对一个成人的要求还有一定的距离，以至于部分大学生，本科毕业不敢面对职场、步入社会。

8. 自我实现需求强烈

个人的自我价值实现，必然受到所处的时代和外部环境的影响，当自我的价值目标和社会发展主导价值目标一致时，实现自我价值的行动会比较主动，自我价值实现的可能性越大，反之，可能会陷入困境而迷失正确的方向。新时代大学生成长在社会转型加剧、改革深入、开放扩大、多元文化激荡和网络信息技术飞速发展的时代。在观念上，他们更具有强烈的爱国情怀，崇尚自强进取的精神，更容易融入社会需要的洪流中去；在事业上，他们对自己的职业理想的思考更加充分，态度更加务实，更加重视所学专业和职业选择，更希望个人兴趣和爱好得到充分的满足；在生活中，他们乐观向上，热爱生活，更加强调个性独立，对未来的幸福生活充满向往。因此，新时代大学生有着实现自我人生价值的迫切需求。

（二）新时代大学生理想信念主流积极健康向上

各项调查数据显示，新时代大学生成长在改革开放取得一定成果后，是党的领导和中国特色社会主义制度的受益者，他们在生活中直接感受到了党和政府的坚强领导，感受到了在全球化进程中中国特色社会主义在国际上的竞争力，因此，他们拥护中国共产党的领导，认同中国特色社会主义道路，特别是对社会主义的价值取向高度认同。

大学生所处的年龄阶段，使得他们对社会上的热点问题非常敏感，对经济社会发展和建设的各个领域以及国际形势都非常关注，大多数同学能够积极参加学校、学院组织的和理想信念教育相关的活动，追求人格的高尚。对理想与现实、理想与责任、理想与奉献及索取的关系等问题有比较正确的认识，希望在为国家和民族做贡献的同时实现个人的人生价值，对党的十八大提出的必须坚持道路自信、理论自信、制度自信、文化自信等观点比较认同，对党和政府充满信心，对中国梦的实现充满信心。近年来高校学生思想政治状况滚动调查表明，当前高校学生思想主流持续积极、健康、向上。他们坚决拥护党的领导，拥护社会主义制度，对实现中华民族伟大复兴的中国梦充满信心，显示出较高的道路自信、理论自信、制度自信、文化自信。

在肯定主流的同时，我们也必须清醒地看到，由于受国际、国内等多方面因素的影响，大学生理想信念方面仍然存在着一些不容忽视的问题，必须引起我们高度的重视。特别是，理想信念的认同与坚定是认知和行为两个层面的问题，大学生理想信念教育仍然需要不断努力。

（三）新形势下大学生理想信念教育亟待加强

新时代大学生绝大部分认同中国特色社会主义共同理想，并逐渐在学习生活中树立了中国特色社会主义理想信念，其中部分思想觉悟较高的同学树立了共产主义理想信念。但是，在纷繁复杂的社会现实和互联网条件下，在海量信息的干扰下，大学生理想信念教育还存在着这样那样的问题。结合全国大学生思想政治状况调研的结果和对 30 名大学生 2—3 年的追踪调查，对新形势下大学生理想信念存在的主要问题概括如下。

1. 有的大学生政治信仰迷茫

新时代大学生拥护党的领导，但是有的大学生缺乏对马克思主义的信仰和对社会主义、共产主义的信念。

对马克思主义理论和共产主义远大理想目标认知不足。有的大学生在知识学习上存在功利性倾向，从当前对其自身发展有没有用的角度出发对马克思主义理论没有进行深入、认真和系统的学习，对共产主义的基本特征没有了解和掌握。有的大学生的认知水平停留在学校教育中需要考试的知识点层次。党的十八大以来，我们党和政府加强引导，树立了"中国梦"的目标，大力弘扬社会主义核心价值观，倡导中国共产党人发挥示范作用，坚定共产主义理想信念，对社会风气，对有的高校中的微环境具有扭转作用。但是，有的大学生仍然在马克思主义理论学习的认真程度，对马克思主义的科学性、共产主义必将到来的坚定性方面有所缺乏。

受负面影响冲击，新时代少数大学生政治信仰不坚定。存在市场经济环境下拜金主义、功利主义、个人主义等负面因素的影响，开放条件下多元文化和非主流意识形态的冲击，党内腐败和"四风"的不良影响，少数教师的非主流价值观影响，新技术、新媒体对负面因素的放大影响，等等。在这些负面因素的叠加影响下，大学生在各种社会思潮和不同意识形态之间摇摆，他们总体表现为拥护党的领导，对中国特色社会主义持肯定态度，但少数大学生对马克思主义持观望或怀疑态度，对共产主义是人类社会发展的必然趋势认识不清。

2. 部分大学生理想信念模糊

新时代部分大学生对社会政治理想的关注度下降。如前所述，生活在和平年代的新时代大学生具有较高的自我期望值，学业和就业的压力都比较大，自我主体性的发展又受到重重干扰，因此，在部分大学生的精神世界中，对职业理想和生活理想的关注相对较多，对于社会政治理想关注较少，对政治在社会发展中的作用缺乏深切体会。

新时代部分大学生对共产主义的理想缺乏准确定位。大学生对理想信念的思考往往处于"聊发少年狂"的层面，在不认真、不深究的情况下，他们的社会政治理想往往处于易于引导又易于改变的状态。既不知道如何选择和确立，又不知道为什么坚持。在认知层面很清楚社会的主流引导，也在逐步地树立主流引导的社会政治理想，但是在内心深处总体还是处于迷茫状态，在突发事件或重大事件发生时容易出现政治立场不坚定的情况。

3. 价值取向多样

当前，社会信息化、城镇化不断推进，全球化方兴未艾，在这些社会变革的冲击下，大学生在价值观、生活方式方面都在逐渐地发生改变。一些大学生张扬个性，对传统价值观、经典著作、权威存在质疑的态度；在生活方式方面，由于经历的社会和家庭影响不同，他们更倾向于选择适合自己的生活方式，如今的大学校园，一些大学生对待恋爱不太认真负责，不做长远打算，缺乏正确的"婚恋观"；在他们的日常生活中，早起晨读已经成为个别人根据自我学习特点进行的个性化选择，统一的安排、整齐划一的步调越来越不为他们所喜欢；大学生服饰的多样化和个性化越来越突出，他们按照自己的想法打扮自己，通过服饰张扬着自己的个性；在专业学习方面，大学生的自主选择性也越来越强，由于不喜欢某个专业，而提出转专业要求的学生越来越多，还出现了一入学就退学的现象，在就业时，有的毕业生选择就业的专业跨越度还很大，学工科的学生毕业后选择从事文艺、写作、影视等工作的也经常发生。总之，社会的开放、经济条件的好转为大学生所提供的在价值观、生活方式方面的选择空间加大，大学生在这种情况下出现了价值观和生活方式多样化的现状。

4. 艰苦奋斗的意志品质相对缺乏

新时代大学生生活在我国经济社会高速发展的时期，是改革开放的受益者，同时，计划生育政策的推行，使得家庭中养育的孩子相对减少，对于独生子女来讲，往往是三个家庭、六位成人关注并养育一个孩子，物质生活条件相对优越；信息化和科技的飞速发展使得知识的更新换代加快，家长往往把注意力放在孩子文化课程的学习上，忽略了对其意志品质的培养；当前学校的教育制度及社会普遍对高学历的追求也使得大学生很少有机会接触社会，接触错综复杂的社会现实，历练相对较少，遇到困难和挫折，容易一蹶不振。

一个人自身的意志品质是否坚强在一定程度上与能否持有坚定的理想信念有密切关系。意志品质不坚强的人虽然在理性认知上能够确定理想，但是遇到困难和挫折就容易退缩，难以形成坚定的信念。毛泽东在青年时期为了锻炼自己坚强的意志品质，曾经在大街上读书，在野外露宿，在雨中锻炼。建设社会主义、共产主义的过程不是一帆风顺的，甚至有可能出现倒退，没有坚强的意志品质就难以形成坚定的理想信念。

三、新时代大学生理想信念的影响因素分析

人总是会受到社会生活中的种种现实的影响。大学生也是如此，新时代的大学生生活在瞬息万变的社会中，社会生活的节奏快、压力大，具体分析影响大学生理想信念的领域和因素，理顺大学生理想信念影响因素的逻辑层次，对于全面深入分析影响新时代大学生理想信念的因素具有重要意义。

（一）大学生理想信念影响因素的逻辑层次分析

在逻辑上，社会生活中的个体受到影响可以从横纵两个方面进行。纵向上，从现代社会生活的主体层面来看，个体是社会生活的基本细胞，家庭是社会生活的最小单元，民族和国家是国际社会的主体。因此，社会生活主体的层级结构即：国际社会—民族和国家—家庭—个体，个体作为最低的层级，必然受到国际社会、国家、家庭的影响。从横向划分，可以划分为物质和精神两大领域，具体到理想信念的影响因素，就是社会现实和心理两大领域，社会现实又可以分为国际、国内两个领域。

如图3-1所示，经过纵向和横向的逻辑分析可以得出，影响大学生理想信念的领域有：国际国内社会现实、家庭、学校教育引导的影响，可进一步细化为经济全球化、世界多极化、文化多样化、社会信息化、科学技术迅猛发展；政治、经济、文化、社会、科技、军事；大学

生特性、家庭影响和干预、教育影响和干预。

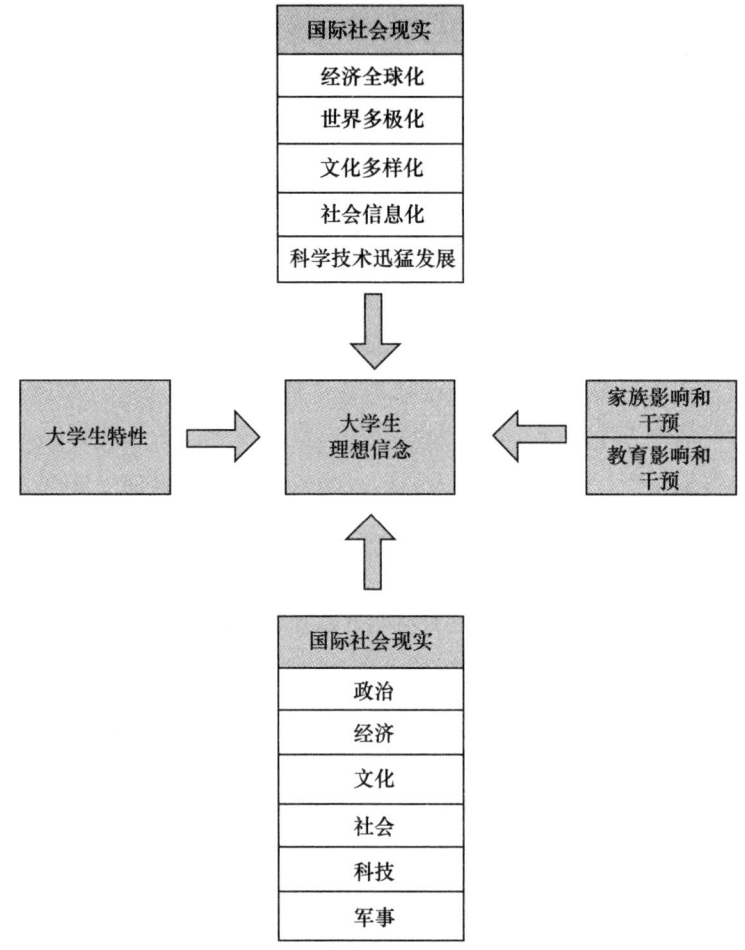

图3-1 大学生理想信念影响因素的逻辑

从逻辑上讲，以上是所有能够对大学生理想信念的形成、巩固及其正确方向形成影响的方面和可能的因素，从事实上看在分析现实生活中真正能够对大学生理想信念形成影响的因素是以上领域或方面中的显著因素，或者是现实生活中显著地对大学生理想信念发生影响的因素。因此，从现实层面出发，本书综合以上分析的各个领域中的影响因素，从国际环境、国内现实、教育引导三大领域出发,具体分析其中显著对大学生理想信念产生影响的因素。

(二) 大学生理想信念的影响因素范畴分析

如前所述,中国特色社会主义理想信念属于社会政治理想信念,从目前我们所生活的社会环境看,属于上层建筑范畴,在上层建筑范畴中又属于政治领域中顶层的政治目标和政治纲领层面;从生活在社会中的个体角度而言,属于个人的心理范畴中的社会心理层面,并且是社会心理层面中核心的政治心理及其意志支撑。也就是说,社会政治理想信念本身是受经济基础制约的上层建筑中的核心部分(政治目标和政治纲领)与个人政治心理及其意志支撑的交汇点(交汇区域)见图3-2。

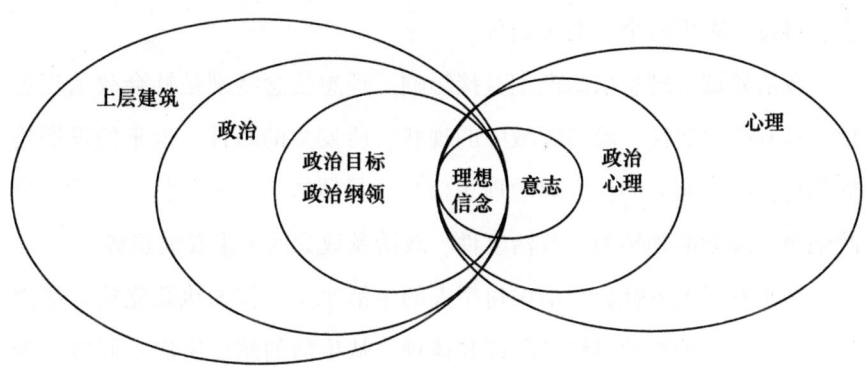

图3-2　大学生理想信念影响因素范畴分析

由于大学生的特殊成长阶段与成长特性,还应该考虑大学生心理的特点和特性。从教育学的角度出发,社会生活中个体的社会政治心理的形成有赖于社会现实的直接改观从而改变或强化个体的心理认知,也有赖于对个体的教育和引导,使个体在某种程度上超越或穿透社会现实认识或坚持目标的有效性,从而形成心理干预。

因此可以从社会现实和心理来考虑影响大学生社会政治理想信念的

两大领域。心理领域主要包括大学生的心理特点、外界人为施加的教育引导影响因素。这两大领域相对独立又彼此影响、密不可分,社会现实通过影响生活中个体的心理来影响个体的社会政治心理和社会政治理想,而社会心理和社会政治理想又具有相对独立性并在一定程度上反作用于社会现实。大学生社会政治心理的形成机制则是贯穿这两大领域的主轴。

一切社会现实都会对人的思想认识产生影响。总体上讲,从社会现实的领域来看可以划分为政治、经济、文化、社会等大的范畴,除此之外,科技、军事实力、外交等对社会政治理想也有一定的影响。特别对于青年大学生来讲,科技和军事力量对他们有着相对于其他群体更大的吸引力和影响力,因此对于青年大学生可以从政治、经济、文化、社会、科技、军事六个方面来划分。

政治领域对理想信念产生直接影响。理想信念特别是社会政治理想信念具有政治属性,政治领域中的现状、所发生的事件、未来的发展趋势都将直接影响人的社会政治理想信念。具体影响因素包括:政党、执政纲领、政党的领导力、政治事件、政治及政党的未来发展趋势。

经济发展关系社会生活中每个人的生活水平,作为执政党执政能力的体现,政治理想的过程性印证和体现,从生活的感受层次上间接影响人的社会政治理想信念。具体影响因素包括:生活水平的高低、物价、物质产品的丰富程度、生活支出占总支出的比重。

文化是人的思想认知形成的沃土,文化关系价值观念,一个国家或民族的文化总是与其现有的意识形态紧密相关,文化建设包含理想信念的教育和引导。因此,文化对理想信念产生直接影响。具体影响因素包括:文化传统、文化氛围、文化态度(对待外来文化的态度)、教育发展及其水平。

社会是个体生活的环境,直接关乎个体的生活质量和幸福感受,是政治、经济、文化各领域中政策效果的具体体现，间接影响人的社会政治理想信念。具体影响因素包括：社会的公平正义、安全感的营造、人际关系、个体基本生存发展条件的保障。

科技方面，大学生因为整体上文化知识层次较高，对科学文化知识前沿发展关注较多，同时作为年轻人对新技术及其应用更加感兴趣，因此科技发展水平的高低作为综合国力的组成部分在一定程度上关乎国人特别是大学生社会政治理想的信心。具体影响因素包括：科技创新能力、科技发展成果在世界范围内的影响力、科技研发与制造能力。

军事实力是综合国力的具体体现，大学生正处于人生中走向独立的关键阶段，对自我的认知和定位会投射到国家层面，而军事实力某种程度上是力量和征服的象征，所以军事实力对于大学生特别是大学男生来说具有更大的影响力。具体影响因素包括：国际军事地位、武器装备、捍卫国家领土完整的态度和能力。

心理领域主要有大学生的心理特点、特性、家庭影响、教育环境、教育引导的有效性、教育方式方法等方面。

（三）大学生理想信念的影响因素与形成机制的关系分析

大学生理想信念形成机制重在研究大学生理想信念的形成过程中体现出来的客观规律，既包括知、情、意、信的认知与心理互动过程，也包括人所处的客观社会环境中社会现实、教育引导作为外在的因素如何作用于大学生心理从而影响其理想信念的形成。大学生理想信念的形成因素是在研究大学生理想信念形成机制的基础上，从机制的整体性上把握所有影响因素与在重要关节点发生影响的重要因素。

因此，理想信念影响因素的分析是建立在对大学生理想信念形成机制的科学认知基础上的。准确把握和认知大学生理想信念的形成机制有利于全面分析对大学生理想信念形成影响的全部因素并把握重点影响因素。

1. 外界影响因素与个人理想信念形成机制的关系分析

外界现实从整体上直接作用于理想信念形成的全过程。从理想信念的形成机制上看，存在一个由认知到情感到意志最后形成信念的过程。如前所述，在现实生活中，理想信念的形成有时候是按照序列过程形成，有时候是并行发展的。人总是处于环境的全方位影响之下，对于认知、情感、意志都会产生这样那样的影响，可以说按照序列形成理想信念是基本规律，并行发展或某一个阶段受到大的心理触动从而促进整个心理序列快速形成的现象也普遍存在。也即，在理论上一个人总是要先积累认知，才会产生相应的情感，才会去坚持，从而形成意志。这个心理的普遍规律是存在并发挥作用的。

因此，按照现实生活中发生的概率，可以将外界影响理想信念形成的情况分为三类：

其一，序列发展的情况。最普遍的是按照认知—情感—意志的序列形成。对于社会政治理想信念而言，特别是在和平建设的环境中，除受到激烈刺激外，大部分情况下理想信念的形成是按照序列进行的。在大学生群体中，序列发展的情况主要是因为在他们生活环境和成长过程中，特别是在儿时，对社会政治理想接触不多，没有过多的引导、思考和认识，在到达一定年龄阶段后逐渐接触到社会政治理想，勾起和触动原有的生活情感，并同时结合认知情况，对现实生活进行思考，逐渐巩固情感，形成意志。因此，在现有的社会环境中，积极引导大学生的认知，在认知的基础上，在社会生活中的现实，以及他们对现实的分析和反应会逐渐使他们对主流社会政治理想产生情感，再逐渐坚定建设中国特色社会主义的共同理想，坚定走中国特色社会主义道路。

其二，并行发展的情况。在大学生群体中，并行发展的情况主要是在成长过程中的某一阶段，社会政治理想在认知、情感和意志各方面的发展同时作用。如在孩提时代，认知、情感和意志同时受到社会政治理想的影响，典型的如战争年代的"小萝卜头""王二小""刘胡兰"，他们从小在革命的环境中长大，在身边环境的引导下，认知、情感和意志同步发展，现今和平年代下，"红二代"或社会政治教育环境较好的地区的孩子也存在并行发展的情况；也有人在孩提时代从未接触或受到理想信念序列里任何环节的突出影响，到认知、情感、意志都在个体中发展到一定阶段后，接触到社会政治理想信念后，认知、情感意志并行发展。

其三，非序列的某一环节突出发展。在大学生群体中，非序列的某一环节突出发展可以分为情感的突出发展和意志的突出发展。情感环节突出发展的情况主要有以下几种情况。一是在生活中，首先由于情感受到触动进而推动认知比较早地接触和受到社会政治理想的教育和引导，在认知特别是理性认知还没有充分发展的情况下或没有认知引导只有情感引导的情况下，逐渐建立社会政治理想信念。如，现实生活中，经常会有大学生在谈到入党动机的时候讲道："我小时候，只知道爷爷是共产党员，我爷爷特别好，所以我从小就想加入中国共产党，长大后我了解了党，了解了党的主张，更加坚定了我要加入中国共产党的志向"。二是在个人成长过程中，随着认知、情感和意志的发展，也不断地接受理想信念的认识教育，但是受教育者并没有太多的感受或感触，是生活中的某件事情在情感层面触动其关于中国特色社会主义理论、道路、制度的感情，从而串联原有的认知，形成意志。

意志的突出发展对社会政治理想信念形成过程中发挥作用的情况，主要是在认知和情感没有触动的情况下，加入了党的组织或者从事党的工作，即组织入党而思想并没有入党，在党的组织或党的工作中，依靠意志去完成党组织生活和党组织交办的任务，而在认知和情感上逐渐认同党的理论知识并对党组织有了深厚的感情。

从以上分析中可以看出，在大学生社会政治理想信念的形成过程中，认知、情感、意志的序列发展、并行发展及每一个环节的突出发展都有可能。从外界的影响与其发展过程的关系分析，学校、家庭、社会都在影响着大学生理想信念的形成，其中学校的引导的干预主要在认知环节，家庭的教育引导主要在情感环节，理想信念意志的坚定程度往往与自身本来的意志品质直接相关，意志品质与个体自身的特性直接相关，从培养锻炼的角度看，意志品质的培养与学校、家庭、社会都直接相关。

2. 外界因素影响大学生理想信念形成机制中的关键节点分析

认知环节是高校的干预和引导大学生理想信念的第一关键点。对于青年大学生来讲，他们正处于全面探索和认知世界的阶段，在这一阶段，个人的感觉、知觉、思维都处于灵敏、活跃的时期，理性思维并没有完全成熟，感知觉丰富而易变，他们用多种方式积极感知着世界，思考着人生，因此，对于大学生来讲，大量的影响因素是作用于认知环节的，在此时期，如同他们对知识的学习一样，他们在积极努力积累着认知素材，对社会的认识和看法也是如此，同时，如前所述，从认知到情感再到意志的序列性的发展是大多数人特别是大学生理想信念形成的模式。因此，对大学生的认知干预和引导，是大学生理想信念形成的关键点，而相对于建立和巩固社会政治理想信念这一政治任务，学校无疑是行为主体。

情感关怀引导是高校教育引导大学生理想信念的第二关键点，中国特色社会主义道路的实际吸引力在此环节发挥重要基础作用。大学生对中国特色社会主义道路的情感是在成长的过程中逐渐积累和形成的，在没有意外刺激的情况下，是相对比较稳定的。从当前大学生对中国特色社会主义道路的情感来看，整体积极向上。情感的干预主要可以分为三类，一是通过对社会现象的了解的深入和认知的增强对中国特色社会主义道路的感情；二是避免社会矛盾或负面现象对大学生现有感情的瓦解；三是对关系家庭利益、个人利益事件发生的关注并提供及时的关怀和帮助。第一类涉及的是大多数大学生，并且干预方式主要通过认知教育等相对简单的方式，引导主体以学校为主；第二类涉及的学生也比较多，但是干预则相对困难和复杂，需要教育工作者进行有效的教育引导，更需要社会合力减少社会矛盾和负面现象的发生；第三类则可以分为涉及群体利益及个人利益两类。涉及群体利益的主要是关系大学生切身利益的教育、就业、资助等方面的政策措施，涉及个人利益的事件的发生和影响，则需要高校在第一时间了解大学生在生活中遇到的困难和发生的事件，及时进行关心和帮助，使他们在情感上感受到党和政府的关心。这一类的干预主体为教育部门和高校，特别是高校的思想政治教育工作者。

从理想信念教育引导方面看，意志品质锻炼是高校的第三关键点。如前所述，意志品质与本人自身特性直接相关，在后天锻炼培养方面，大学生虽然需要继续锻炼和磨炼意志品质，但相对中小学而言可塑性已经降低。

对于大学生而言，他们接触到的社会现实、个人遭受到的挫折、学校教育、家庭环境、接收到的信息都在影响着他们对社会及其发展方向的认识。全面而系统地分析大学生在现实环境中受到的影响有助于从整体上把握其影响因素。

第三章　国际环境对大学生
理想信念的影响

党的十八大报告指出,"世界多极化、经济全球化深入发展,文化多样化、社会信息化持续推进,科技革命孕育新突破,全球合作向多层次全方位拓展"①。在全球化深入发展的今天,发端于美国等主要资本主义国家的经济全球化已经渗透到政治、经济、科技、文化、生活的各个领域,正在成为一种生活方式和行为模式,影响着人们的思想认识。生活于其中的大学生作为新的生活方式、新技术、新的思潮、新媒体的勇于尝试者,更容易受到全球化的影响,本章将探讨国际环境对大学生理想信念产生的影响。

一、经济全球化的影响

当今时代,全球化既是一种不可阻挡的趋势和潮流,也是各国必须面对的一种客观事实。对于中国的发展而言,全球化已经成为中国特色社会主义发展的世界图景,中国的发展变化离不开全球化的背景;对于

---

① 本书编写组:《中国共产党第十八次全国代表大会文件汇编》,北京:人民出版社2012年版,第42—43页。

改革开放的中国而言，全球化更是与国内各方面的发展变化息息相关。全球化在各个领域中的发展已经内化到新时代大学生成长的过程中，成为他们的时代烙印。因此分析新时代大学生理想信念的形成离不开对全球化这一时代背景的分析。

（一）经济全球化与大学生日常生活密切相关

当代大学生正是伴随着我国逐步参与全球化的进程成长起来的，全球化已经成为大学生理想信念教育必须面对的时空境遇。

1. 当前全球化发展的基本特征

全球化的深入发展不仅极大地改变了人类的生产方式、消费方式和交换方式，而且也极大地改变着人们的思想方式、思维方式和行为方式。当前全球化的基本特征主要表现为以下几个方面。

（1）全球性问题的复杂性严峻性日益加剧，建立人类命运共同体渐成共识

随着全球化的深入发展，世界各国在政治、经济、社会和文化等方面相互影响和渗透，建立了更加紧密的相互依存关系。同时，一些超越国家和地区界限的全球性问题，如气候变化、环境污染、资源短缺、疾病传播、宗教冲突、大规模战争和恐怖主义等问题变得更加复杂和严峻，直接威胁着整个人类社会的生存和发展。面对全球性的问题和挑战，任何国家都无法独善其身，更加需要全球力量携手应对，建立人类命运共同体的价值理念正逐渐深入人心，正如2013年3月习近平在莫斯科国际关系学院的演讲中指出的，"各国相互联系、相互依存的程度空前加深，人类生活在同一个地球村里，生活在历史和现实交汇的同一个时空里，越来越成为你中有我、我中有你的命运共同体"[1]。这种价值理

---

[1] 习近平：《习近平谈治国理政》（第一卷），北京：外文出版社2018年版，第272页。

念包含了建立相互依存的国际权力观,维护人类的共同利益,以及实现可持续发展和建立全球治理体系等基本理念。

(2) 资本在全球范围内流动带来人们社会生活环境和文化价值观念的改变

全球化带来资本在全球范围的流动,带来了全球范围内生产力的快速发展和经济繁荣,并在所到之处按照资本的要求和规则进行资源配置、商品生产和销售。人们的社会生活环境和文化价值观念也随之发生改变:一是资本通过自身力量改变了人们生活的经济环境,也促进了生产力的快速发展;二是资本所要求和携带的生产规则、市场秩序、价值理念、文化氛围在悄然改变着人们的思想认知;三是以经济为核心,全球化也必然带来政治、经济、文化的沟通、联系和影响。伴随全球化的深入发展,西方资本主义国家的政治制度、经济体制、价值理念等在全球的影响不断扩大,多元文化的交汇已经成为全球化的基本特征之一。同时,发达国家借助其先进的科技手段和适应市场经济的文化积累,不断对发展中国家进行文化渗透,使其文化得以快速传播,所到之处,原有文化无不受到冲击。

(3) 全球化加剧了国家间发展的不平衡,发达国家对发展中国家形成压力态势

由于西方发达资本主义国家在全球化进程中处于优势地位,其强大的经济、科技、军事实力使得其对发展中国家形成了压力态势。以美国为首的西方发达国家利用国际多边合作游戏规则的制定权和修改权主导国际经济秩序,掌控着全球金融中心和定价体系,造成世界经济结构的严重失衡。新兴市场国家成为全球制造业的中心,很多欠发达国家和地区成为西方发达国家廉价资源、劳动力的供给地。西方发达国家还凭借其强大的军事实力推行霸权主义、强权政治和新干涉主义,在一定程度上加剧了世界的局部动乱和冲突。

2. 经济全球化日益成为大学生理想信念形成的现实基础

全球化的深入发展使得其渗透到日常生活之中，必将对我国思想文化领域产生深刻的影响。

(1) 我国在全球化进程中积极发挥主导作用

面对经济全球化的发展趋势，我国政府采取的是积极面对的态度，一面应对挑战，一面准确把握机遇，不断扩大开放的广度和深度，并通过改革和对外的交往联系提高自身在经济全球化中抵御风险的能力和本领。中国加入世界贸易组织已有19个年头，这19年中，中国实现了从依靠境外投资到中国境外投资总量超出外资引入，并成功组建亚洲基础设施投资银行；从将国外企业"请进来"以市场换技术到如今中国企业走出去；从单纯进口商品到成为全球第一大出口国、第二大进口国；服务贸易也蓬勃发展。从我国参与全球化的程度来看，中国不仅深度参与到经济全球化的过程中，而且正在成为当之无愧的主角。深度参与经济全球化阶段，中国正在从一名追随者向领导者的角色转变，这一转变是我国经济社会发展积累的结果，也是我国经济社会进一步发展的需要，是中国共产党领导中国人民发展中国特色社会主义的必然要求。

(2) 全球化融入大学生日常生活

对于经济全球化对大学生的影响，可以概括为：无处不在又看不见摸不到。在大学校园里随处可以见到不同肤色的学生，课堂授课的双语教学在不断推进，超市售卖着来自世界各地的商品，上网浏览到的是各国的信息，出国留学甚至到国外接受基础教育都已经不是遥不可及的事情，等等，因此，经济全球化无时无刻不在影响着生活于其中的每一个人。对于新时代大学生来讲，他们在成长过程中面对的是一个开放的社会、多元的社会，是一个信息交汇的社会，也是一个存在着各种可能的社会。经济全球化对大学生产生的影响是潜移默化的，是无形的，又是不能忽视的，大学生理想信念的形成过程中，经济全球化既是考量大学生理想信念形成影响因素的大背景又是其现实基础。

伴随着全球化融入日常生活，成长于经济全球化环境中的大学生，对经济全球化从一开始就是坦然接受的心理，对经济全球化"双刃剑"的负面作用认识不足。

（二）经济全球化对大学生理想信念的影响

全球化全面影响着大学生的思想认识，在理想信念方面有消极影响，也有积极影响。

1. 全球化的深入发展可能模糊淡化大学生的政治观念

在以经济为核心的全球化进程中，经济、科技、文化都得到了前所未有的凸显和关注，全球合作已经成为各个国家的基本共识，与此相对应，政治特别是政治领域实际存在的斗争等政治观念被相对弱化。

（1）经济全球化的深入发展冲淡了大学生对意识形态斗争复杂严峻形势的认识

在全球化进程中，意识形态的斗争不仅没有消失而且更加尖锐和复杂。西方国家与跨国公司等经济运行的实体更紧密地结合在一起，国家的经济利益融于大的跨国公司的经营中，文化、价值观和对根本政治制度的推销也融于经营之中，西方国家在运用市场逻辑来进行掠夺和压迫的同时，还采用文化渗透和制度认同等方式进行意识形态的渗透。西方发达资本主义国家的政治家、学者通过各种方式有意识地模糊意识形态间的差别。生活于全球化进程中的大学生不仅在思想认识中容易不自觉地降低对意识形态问题重要性的认识，也容易为西方学者所谓文明的冲突等理论所迷惑。

(2) 经济全球化的深入发展逐渐模糊大学生对民族国家界限的认识

"全球化的核心是经济，要求主权的让渡甚至分割"①。全球化进程本来就是世界各个民族国家间以经济为核心形成的政治、科技、文化、生活的各个领域紧密联系的过程。在此进程中，经济全球化要求打破国家壁垒，在全球范围内进行资源配置，按照资源利用最大化的原则，一切民族国家、民族经济的自我保护都应该消失。跨国公司本身就冲破了地域和国界的限制，子公司或分公司对所在国的经营活动负责，一定程度上模糊了国界意识。高科技，特别是信息技术的飞速发展极大地促进了贸易的发展，服务贸易迅速发展带来了旅游、教育的紧密往来，出国已经成为"说走就走"的旅行；商品贸易的进一步发展使得国内的大学生可以轻松地在网上购买到全世界特别是发达国家的高品质商品。在投资方面，富裕起来的中国人也已经把眼光扩展到全球，在海外置业热度不减，国家间的界限也被悄然淡化。

与此相对应，在全球化进程中，民族国家的利益被淹没在优化资源配置、资源利用率最大化的经济原则之下。全球化进程中发达资本主义国家占据着主导权和发言权，相对于后发展国家构成了不对等关系，加剧了发达国家对后发展国家的经济掠夺和意识形态的渗透。生活于全球化进程中的个体并不能主动地察觉和意识到因为国家地位不同造成的经济上的损失和差别，单纯从自身的感受出发必然更加强调资源配置效率、注重全球化带来的生活便利，从而忽略在此过程中对国家利益的维护。

(3) 个人主义至上冲击大学生集体主义价值观

个人主义是西方资本主义社会的基本价值理念，经济全球化的进程

---

① 李兴：《"多极化"、"全球化"、"一体化"关系辨析》，载《武汉大学学报（哲学社会科学版）》，2007年第5期，第757页。

也是资本主义生产关系和社会制度在全球扩张的过程，在经济全球化过程中个人主义这一核心价值理念随着国家间经济社会生活日渐深入和紧密地联系而得到传播。个人主义强调个人、个人利益和个人自由，认为只有个人的利益得到维护、个人的自由得到保障，才会有集体的利益和自由，个人主义直接反抗集体主义。在经济全球化进程中，个人主义从多方面冲击着大学生的集体主义观念。经济全球化推动着我国社会生活的深刻变革，伴随着个体的独立和市场经济的深入发展，对个人的独立性和自主性要求进一步提高；社会生活方式也随着城镇化的进程发生变革，城市向陌生人社会发展，个体越来越得到凸显，而集体的作用则被弱化。社会生活方式影响着每个个人，并通过影响家庭更大地作用于成长中的大学生。而在大学生的日常生活中，他们在与跨国公司、外资企业的接触中，在与外国留学生的接触中，在直接到国外留学和旅游的过程中，在通过互联网收集信息的过程中，特别是在观看发达资本主义国家的影视大片的过程中直接受到个人主义价值观的感染和冲击。表现在当前大学生身上，他们在个性方面更强调自我价值的实现，强调个性化发展，要求民主权利，希望被尊重，强调个人感官享受和感觉体验，个性张扬的同时奉献精神差、集体主义精神缺乏，忽视个人的社会价值实现。

2. 资本在全球范围内流动影响大学生对金钱的认知

资本在全球范围内的流动是经济全球化的本质属性，突出表现为全球对外投资的迅速增长和国际资本的交叉控股。在外在的和日常生活的表现上，一方面，国际资本向那些能够产生剩余价值的领域迅速涌入，能够带来经济的迅速发展，特别是硬件设施的快速变化，金融业的快速发展，金融衍生品的繁荣和发展；另一方面，资本的快速涌入也会使经济产生泡沫，国际游资为攫取高额利润甚至会对某个领域或地方的经济造成重创。在与经济全球化相伴成长的青年人看来，资本可以使经济迅速繁荣，也可以使经济萎靡不振，还可以通过金融衍生品实现"以钱生钱"。这些现象与国内市场经济发展的消极影响叠加到一起，往往使年轻人看到后会产生一些错误认识。首先，夸大了金钱的作用。在资本的流动过程中，少数人更多地看到的是资本和金钱的威力，认为钱可以买来一切，占有了金钱就可以享有全球范围内的高端甚至奢侈商品，占有了金钱就能享受到全球的优质服务、奢华的生活，占有了金钱就似乎拥有了成功和地位。其次，扭曲了对金钱本质的认识。金钱本是服务社会生活的工具，忽视了对这一本质的认识，就会加剧甚至直接形成拜金主义思想，将对金钱的追逐作为生活的终极目的，将钱的多少作为人生成功与否衡量标准。最后，直接扭曲大学生的价值观。对金钱的错误认知，影响着大学生的择业观、义利观和消费观，造成大学生价值观的扭曲。

3. 跨国公司成为经济的主导力量模糊了大学生对资本本质的认识

大学生生活在经济全球化的环境中，他们所直接接触和感知到的是跨国公司及通过跨国公司的经营行为所带来的价值理念。对于当今的大学生而言，如今跨国公司环绕在他们周围，跨国公司所提供的商品和服务的便利冲淡了他们对资本的认识。他们憧憬的高科技企业有 IBM、苹果、谷歌、微软、日立、西门子等，金融企业有花旗集团、高盛集团、德意志银行等，汽车制造企业有通用、本田、福特等，日常生活零售企业如家乐福、沃尔玛等就更加深入生活的每一个细节中了。首先，在与这些跨国公司接触的过程中，他们直接感受着跨国公司带来的便利和他们提供的高质量的商品和服务。其次，在与跨国公司的接触中，对技术的崇拜、对管理的崇尚使他们对跨国公司所宣扬的理念和文化照单全收。跨国公司管理更加现代化，效率更高，实力更强，企业文化更加成熟，对大学生也更具有吸引力，很多的大学生对某些大的跨国公司心存景仰，对公司负责的人心存崇拜，而良好的职业发展前景、丰厚的薪酬、平等的文化氛围也使得能到跨国公司工作成为大学生中的一种时尚。在这种心态下，直接导致大学生对跨国公司所宣扬的理念和文化失去抵抗力。最后，资本以跨国公司的形式进行经营活动掩盖了其进行意识形态渗透的事实。与跨国公司的经营活动相伴的是这些公司所信奉和宣扬的资本主义的核心理念，如"普世价值""全球秩序""等价交换""自由民主"等，在市场经济的环境下，这些理念在大学生中更加具有吸引力和市场，这些潜移默化的影响带来的是大学生价值观的改变，直接模糊大学生对我国主流意识形态的认同。

4. 国际贸易的紧密有助于大学生国际化视野的形成

国际贸易既包含商品贸易也包含服务贸易。在经济全球化环境下，由于全球性配置资源的需要，国与国之间的贸易往来更加频繁，国际贸易的紧密带来了人与人之间频繁的交往与流动，带来了经济主体——跨国公司的不断发展壮大，带来了跨国公司与政府和政策制定者之间的交往，带来了文化和思维方式的相互渗透与改变，促进了参与交往各国的产业结构的升级。商品贸易的国际化使得我们可以在全球范围内选购自己需要的商品，国际代购商店也蓬勃发展。2019年，阿里巴巴发起的"双11"购物已经成为真正的"全球盛典"，来自78个国家和地区的超过2.2万个国际品牌在阿里巴巴的跨境电商市场——天猫国际，参加双11。据悉，全球速卖通（AliExpress）继续为200多个国家和地区服务的同时，还将让俄罗斯、西班牙、意大利和土耳其当地的商家首次加入到双11盛典中来。服务贸易是经济全球化发展的必然产物，也是经济全球化进一步繁荣的必要条件。服务贸易是指国与国之间互相提供服务的经济交换活动。为积极应对经济全球化对我国服务贸易领域的挑战，我国不断深化产业结构调整，从总体上提高了服务产业的水平，服务产业规模不断扩展，领域不断扩大，对外开放程度不断加深。目前，在我国，国外服务的商业存在方式已经进入金融、保险、咨询、法律、会计、旅游、交通运输、仓储、建筑、商业等多个国内服务行业，而中国在境外的服务型企业的经营活动也已经涉及金融保险、信息咨询、交通运输、餐饮、文化教育和医疗卫生服务等行业。大学生站在时代潮流之上也切身感受和接触着国际贸易的便利，特别是在教育领域，如今，出国留学已经成为大学生毕业后比较现实的一种选择，据教育部留学服务中心的统计，2018年度我国出国留学人员总数为66.21万人。其中，国家公派3.02万人，单位公派3.56万人，自费留学59.63万人。2018年度各类留学回国人员总数为51.94万人。2018年度与2017年度的统计数据相比较，出国留学人数增加5.37万人，增长8.83%；留学回国人数增加3.85万人，增长了8%。作为新潮和优质商品的推崇者，部分大学生也开始进行海外购物，特别是购买电子产品，也有的大学生直接尝试在网上开起了网店，做起了国际化的生意；随着人民生活水平的提高，利用假期跟家人或朋友出国旅游已经不是难以做到的事情。正是在切身感受这些变化的同时，大学生的国际化视野逐渐形成。

首先，国际贸易的紧密带来了大学生国际知识的丰富。国际贸易的日益紧密带来了全球范围内的商品和服务，这些商品和服务带来了所在国家的文化和理念，带来了对国外生活规则的了解和认知；国外旅游、留学的增加更是使大学生能亲身感受到当地的风俗文化、生活习惯，这些活动日益丰富着大学生的国际知识。其次，国际交流的频繁促进了大学生开放包容心态的养成。置身于国际贸易之中，大学生能够逐渐感受和认识到世界文明的多样性，也在交往中体会到了尊重不同民族文化的必要性，以开放包容的心态拥抱世界，才能享受到各国创造的文明和不同的资源。再次，对国际贸易的深入了解培养了大学生的规则意识与竞争合作的意识。大学生逐渐深入到国际贸易之中，使他们认识到任何国际贸易都是在一定的规则之下进行的，深入了解国际规则才能有效地掌握和合理配置相应的资源，也才能有效地维护自身利益。贸易的往来本身就是竞争与合作并存的,要想在国际贸易中寻求机会就必须树立合作竞争的意识。最后,亲身参与国际贸易增强了大学生在国际事务中发挥作用的能力。参与国际贸易,帮助大学生提高了运用不同国家语言的能力,提高了大学生对外交往的能力,在解决矛盾的过程中也提高了他们的协调能力、谈判能力等,这些都有助于提高他们在国际事务中发挥作用的能力。

5. 综合国力竞争日益加强直接关系到大学生的爱国主义情感

经济全球化的深入发展最终带来的是综合国力的竞争。资本在全球流动的过程就是资本在全球范围内攫取剩余价值的过程,这个过程首先是对各国经济政策和经济发展的挑战,其次还涉及政治、军事、文化、移民等各个领域,其中,某个领域的薄弱有可能直接造成在国家在经济交往中的被动。

大学生紧密关注着我国综合国力的变化,综合国力也影响着大学生的爱国主义情感。总体上,经济全球化一方面淡化了国家和民族的界限,模糊了大学生爱国情感的根基,另一方面,综合国力的竞争也会强化人民对国家地位和实力发展的关注程度。首先,我国综合国力的提高增强大学生的自豪感和自信心。改革开放以来,我国综合实力不断提高,如今经济总量已经上升为世界第二位,人民生活也实现了从温饱到小康的历史性跨越,科技发展取得长足进步,载人航天和探月工程的成功实施,高铁等重大科研成果达到世界领先,国家军事实力也不断增强,大学生切身感受到了国家的发展,自然增强了对国家和民族的认同感。其次,我国国际地位的提升坚定了大学生走中国特色社会主义道路的决心。在国内外复杂形势下,中国共产党领导中华民族坚定走中国特色社会主义发展道路,坚持改革开放,持续推动经济的快速增长;紧紧抓住难得的战略机遇期,积极推动与周边国家的经济交往和贸易发展,促进了周边地区的经济融合;与美、俄等世界大国建立新型大国关系,加强经济合作避免冲突对抗,在对外交往和国际事务中采取更加积极主动的态度,展现了负责任大国的形象,提升了我国的国际地位,这些成功坚定了大学生走中国特色社会主义道路的决心。再次,我国与西方发达国家在诸多方面的差距依然存在,这激发了大学生的责任感和使命感。在经济全球化的过程中,国家综合国力竞争的激烈程度加剧,必然伴随矛盾和冲突,作为发展中国家,中国在国际经济秩序和规则中仍缺少话语权和主动权,势必在竞争中处于劣势,国家利益受制于人的情况时有发生,国家安全还存在诸多威胁等,在国际国内形势的热点问题中,大学生紧密关注着中国政府的作为和表现,出于基本的爱国情感,这些差距在某种程度上激发着大学生的责任感和使命感。

6. 资本主义的基本矛盾依然存在促进大学生理性思考

经济全球化的发展并没有改变资本的本性,而是扩大了资本的获利空间,生产的社会化和生产资料的私人所有制这一资本主义的基本矛盾没有改变。在经济全球化的背景下,生产的社会化在全球范围内发展而同时生产和资本却更加集中。无论是生产过程、生产资料的使用,还是产品的消费都在加速社会化,而跨国公司正是推进这一过程的主体,跨国公司的迅速发展也就形成了生产和资本的高度集中。经济全球化背景下,资本主义这一基本矛盾使财富日益向发达资本主义国家集中,相应地使资本主义国家内部资产阶级和无产阶级之间的矛盾变得模糊,但全球范围内的阶级对立却日益明显。资本主义基本矛盾依然存在还集中反映在金融危机的爆发。马克思认为,经济危机是资本主义的必然产物,20世纪90年代以来,金融危机接连不断,也一度引发全球性经济危机。垄断资本的核心是金融资本,资本的逐利性推动金融衍生品的无限制发展,并和其他金融机构的资本与各种工商服务业资本融合起来,金融资本也因此越来越庞杂,金融运转日益与实际经济运行脱节,财富日益集中到少数人手中,最终导致金融危机的爆发。20世纪90年代以来世界经济危机频发,1994年墨西哥金融危机,1997年东南亚金融风暴,1998年俄国金融危机,1999年巴西金融危机,到2008年全球金融危机的爆发,"金融危机的影响范围越来越广泛,破坏性越来越大,这都显示资本主义基本矛盾呈尖锐的趋势。"① 从导致金融危机的原因中不难看出,资本的贪婪本性是始终存在的,资本的私人占有性使得其与社会化生产、市场的整体需求之间缺乏协调性,也即资本的私人占有与不断扩大的社会生产之间还是存在不可调和的矛盾。

这些资本主义基本矛盾依然存在的表现,促进大学生理性思考。首先,在传统的政治经济学教育中,资本主义具有其自身发展的基本矛盾,这一矛盾的集中表现就是资本主义经济危机,1975年以后,随着资本主义制度的日益完善,资本主义国家并没有爆发大规模的经济危机,这容易给成长中的大学生造成资本主义制度的基本矛盾已经消除的假象,2008年全球金融危机的爆发,使资本主义的基本矛盾再次暴露,也能够促进大学生理性思考和看待资本主义制度的局限性。建立在私有制基础上的资本主义制度,无法破解生产的社会化与生产资料的私人占有之间的矛盾,虽然西方发达国家在金融危机爆发后通过资本注入、税收减免和削减福利等应对措施,希望推动经济尽快走出危机,这些政策本身就是借鉴社会主义国家政府调控的做法,在根本制度不变的基础上进行的调控也会进一步导致社会贫富差距的加大。如美国2011年爆发的"占领华尔街"示威运动,正是民众通过"占领"的方式表达对华尔街金融资本的贪婪的不满和获得更公正的财富分配的期望。这些使得大学生更加清醒地认识到,资本主义经济发展存在固有矛盾,这些矛盾已经不能通过调整完善资本主义制度加以解决,资本的逐利本性驱动扩大再生产,必然导致社会财富更加集中到少数人手中。其次,促进大学生

---

① 孔祥富:《经济全球化与当代资本主义矛盾的发展趋势》,载《马克思主义研究》,1999年第4期,第26—27页。

理性看待社会主义的优越性。社会主义制度以公有制为主体，政府可以更加有效地调整收入分配，解决贫富差距扩大，有效化解经济起伏动荡和危机，使得经济更加持续健康发展，实现共同富裕。资本主义国家逐渐加大政府调控的力度，逐渐发展的国有经济、合作制经济、股份制经济、社会保障制度等社会主义因素①更能够体现社会主义制度的优越性，从而更加坚定大学生坚持走中国特色社会主义发展道路的信心。

二、世界多极化的影响

世界多极化直接影响着大学生中国特色社会主义理想信念的建立和巩固。世界多极化格局与经济全球化发展相互交织，已经成为当代大学生成长的时代背景，潜移默化地影响着大学生的思想认知。因此，要坚定大学生的中国特色社会主义理想信念，就必须分析研究世界多极化对大学生中国特色社会主义理想信念形成的影响。

（一）世界多极化发展趋势引发大学生深刻思考

世界多极化是相对于单极或两极而言的，在当前国际格局中，美国、日本、欧盟、俄罗斯、中国等国家或国家集团都作为世界多极化中的一极发挥着重要作用，印度、巴西、东盟、非盟、阿盟等也在崛起。世界政治多极格局是经济全球化、社会信息化、文化多样化深入发展的反映。习近平在出席中央外事工作会议上的讲话中指出，"要充分估计国际格局发展演变的复杂性，更要看到世界多极化向前推进的态势不会改变。"②世界多极化是一种发展趋势，是国际格局演变的过程，是在世

---

① 庞兰芝：《当代资本主义基本矛盾再认识》，载《中国延安干部学院学报》，2012年第5期，第47页。

② 习近平：《习近平谈治国理政》（第2卷），北京：外文出版社2018年版，第442页。

界各种政治力量的相互较量中实现的。这一趋势深刻地影响着我国人民的思想认识，中国在这一发展趋势中的表现和未来的发展空间影响着他们对中国特色社会主义制度的自信。

1. 全球化进程使得大学生关注国际化的发展进程

作为在经济全球化氛围中成长起来的大学生，全球化的视野使得他们相对于社会其他群体更加关注国际社会，更加关注世界多极化中各极之间的较量与制衡，关注中国在世界舞台的表现和未来的发展空间。当前我国社会生活与国际社会的联系日益紧密，大学生的衣食住行都受到了经济全球化的影响，经济全球化的发展使得大学生有机会亲身感受到世界各国的发展程度、发展特色和文化理念，这使得大学生能够时刻对我国的发展理念、发展道路进行评判，国际交往的日益增多也使大学生能够直接感受到我国的国际地位，对国际地位提升的体验和对未来国家地位提升的期待都使得大学生无时无刻不在关注世界多极化的发展趋势。

2. 大学生深刻思考世界多极化发展趋势中我国的定位

世界多极化作为国际格局的发展趋势和当今国际政治的重要特征直接吸引着大学生的关注。大学生是怀着朴素的爱国主义情感在世界多极化的舞台上对国家发展进行定位的。这与大学生特殊的成长时期密切相关。大学生的身体和心理正在走向成熟，大学时期是他们在社会生活中进行自我定位并要求完全掌控自我的开始，同时他们也会将这种定位与自我掌控的心理需求投射到国家层面，对国家的发展进行定位并提出掌控的要求。这与掌控自我一样具有一种内在渴求，是自发的和朴素的，也经常和掌控自我是合一的，自爱是对自我发展定位的感情基础，爱国则是对国家和民族认知和定位的感情基础，大学生对国家民族在世界舞台上的表现更加关注，对我国的国际地位更加敏感。与之紧密相关的，则是中国共产党的领导和中国特色社会主义道路是否具有竞争力与优越性。如果说在大学生的成长过程中，他所切身感受到的是党的领导和中国特色社会主义道路带来的生活上的变化这一纵向比较，那么在大学时期，随着他们的眼光逐渐转向世界与国际，他们就要对不同国家进行横向比较，这种比较首先是对国际地位的比较，随之而来的是对国际地位未来的提升进行比较，这种提升的潜力包含了很多内容，最主要的就是对我国的政体和所选择道路的比较。如同大学生对自我的定位与掌控一样，无论是个人还是国家，对于未来发展空间的关注都是他们关注的重点。因此世界多极化这一国际格局的发展趋势直接影响着大学生中国特色社会主义理想信念的建立和巩固。

（二）世界多极化对大学生理想信念的影响

与经济全球化这把"双刃剑"相比，世界多极化发展对主权国家特别是发展中国家具有重大的积极意义，党的十八大报告指出，"国际力量对比朝着有利于维护世界和平方向发展，保持国际形势总体稳定具备更多有利条件。"① 世界多极化的发展为我国的发展赢得了一个相对稳定和平的外部环境，有利于我国综合国力的提升，也有利于中国在国际舞台上作用的发挥。因此，从总体上说，世界多极化的发展趋势对大学生理想信念的影响是积极的，但是消极的方面也不容忽视。

1. 世界各种力量相互制衡坚定大学生对于国家实现和平发展的信心

世界多极化发展格局的典型特征就是各种力量的相互制衡。在当今的世界发展中，大国关系深刻调整，多个力量中心正在形成，"广大发

---

① 本书编写组：《中国共产党第十八次全国代表大会文件汇编》，北京：人民出版社2012年版，第43页。

展中国家总体实力增强,地位上升,成为国际舞台上的一支重要力量"①,各类区域性、洲际性组织和国际会议也日益活跃,因为这些组织和会议的超国家性,它们在国际社会中发挥着越来越重要的作用。世界各种力量之间形成了相互借重又相互制衡的关系。经济全球化过程中,政治和政策往往要服从金融资本的需要,新崛起的后发展国家是发达国家商品销售的市场和劳动力的供给源,发达国家的发展离不开后发展国家。社会信息化的加速发展使得一国独断专行从实力上看有时候还是可能存在的,但是同时将会背负更多的负面舆论压力或后果。因此,尽管在个别大国的势力范围内还存在局部的冲突和战争,但是总体不影响世界和平发展的大趋势。

世界多极化内含的各种力量的相互制衡降低了在世界范围内发生大规模战争的可能性,有利于世界的和平发展。当然,还是存在局部的冲突和战争,但是总体上因为多极化的发展,各个力量中心的相互制衡使得世界和平发展还是大趋势。世界和平发展的大趋势为我国建设中国特色社会主义的发展道路赢得了时间,也为国内民众提供了一个和平安定的生活环境,为大学生健康成长、拓展国际视野提供了保障。

世界多极化发展的进程为我们建设中国特色社会主义的发展道路赢得了时间,是我国和平发展的重要战略机遇期。一个相对和平安定的外部环境,为大学生健康成长、拓展国际视野提供了保障。世界多极化的制衡关系也使大学生意识到和平是世界发展的大趋势,"中国梦"特别是和平"中国梦"的提出符合世界发展的大势,作为多极化中的一极,中国致力于在维护世界和平的前提下谋求民族复兴,这是符合中华民族利益与世界人民的愿望的。因此,大学生在世界多极化的大趋势中能够看到中国和平崛起的希望,能够坚定他们实现和平"中国梦"的决心。

---

① 江泽民:《论有中国特色社会主义(专题摘编)》,北京:中央文献出版社2002年版,第513页。

每个人的自我概念的建立包括对自我的内在和外在属性的认识。外在属性中，个人的物理属性、家庭、社会关系、所属地域、民族、国家都是其中重要的组成部分。而对于一个国家的公民而言，其所在国家在国际的地位也关乎其自我定位。自鸦片战争以来，中国开始被动地打开国门，频繁地与世界各国交往和联系，也开始从民族心理中摒弃了"天朝大国""唯我独尊"的自我认识，真正清醒地认识自我并在世界发展的大势中审视自我、定位自我。可悲的是在鸦片战争之后的100年中，中华民族受尽外族凌辱，在国际社会中被称为"支那"甚至"东亚病夫"，寻求中华民族的伟大复兴成为近百年来的"中国梦"。

如今，在中国共产党的领导下，中国已经成为世界多极化中不可小觑的一极，在经济上，中国的改革开放持续吸引着全世界的投资和资源，高盛、摩根士丹利、美林这些大的国际投行纷纷在中国投资，通用、沃尔玛这些国际商家纷纷在中国建立自己的连锁企业。中国的GDP跃升世界第二；在政治上，中国作为联合国安全理事会常任理事国，一直在国际社会有着负责任的政治大国的形象；在军事上，航母、大飞机的制造，特别是对外层空间的探索都昭示着我国在军事实力上的发展。特别是党的十八大以来，以习近平同志为核心的党中央在对外交往和涉外事件中的积极态度、外交水平都得到了国人的高度评价，富裕起来的中国人开始走出国门频繁地参与国际交流中，出国留学、出国旅游已经成为中国普通家庭的比较现实的选择，国际地位的提升使国人在国际社会中普遍增强了自豪感和自信心。同时，国际交流力度的增大，使生活在国内的居民照样可以享受到来自全球各地的商品，美国、英国、德国等老牌资本主义国家的公民到中国定居、工作、学习的现象越发普遍，这使国内居民切身感受到了国家的发展和我国国际地位的提升。成长于新时代的大学生在自我定位的过程中，自然由衷地感受到祖国的变化，自然增强了对国家和民族的认同感、自豪感和自尊心。

2. 全球性问题的复杂性严峻性日益加剧，建立人类命运共同体渐成共识

随着全球化深入发展，世界各国在政治、经济、社会和文化等方面相互影响和渗透，建立了更加紧密的相互依存关系。同时，一些超越国家和地区界限的全球性问题，如气候变化、环境污染、资源短缺、疾病传播、宗教冲突、大规模战争和恐怖主义等问题变得更加复杂和严峻，直接威胁着整个人类社会的生存和发展。面对全球性的问题和挑战，任何国家都无法独善其身，更加需要全球力量携手应对，建立人类命运共同体的价值理念正逐渐深入人心，正如2013年3月习近平在莫斯科国际关系学院的演讲中指出的，"各国相互联系、相互依存的程度空前加深，人类生活在同一个地球村里，生活在历史和现实交汇的同一个时空里，越来越成为你中有我、我中有你的命运共同体"。这种价值理念包含了建立相互依存的国际权力观，维护人类共同利益，以及实现可持续发展和建立全球治理体系等基本理念。

3. 全球霸权主义、冷战思维依然存在，激发了大学生爱国热情

在世界多极化的基本态势下，世界正朝着和平的方向发展，但是多极化的发展趋势来源于冷战时期美苏对抗的两极格局、苏联解体后短暂出现的单极主导或"一超多强"格局，因此，多极化作为目前世界格局演进和发展的趋势，不可避免地存在多极中的一或两极综合国力相对于其他"极"更加强大的现象，因此，虽然多极化在一定程度上形成了国际力量之间的制衡，但是在局部地区、在某些大国或大国集团的势力范围内还是存在一定的霸权主义，例如美国不顾联合国安理会的反对悍然发动伊拉克战争，美国利用自己先进的信息技术对全球实行信息监控的做法都是霸权主义的反映。

由于近半个世纪的冷战形成了冷战思维并且由于惯性的作用，冷战

思维在某些国家或国家集团中还存在。可见，冷战思维与霸权主义在某种程度上具有一致性。冷战思维和霸权主义的存在使得世界局部战乱不断，强权压制和剥削总是在一定程度上存在，作为社会主义中国，我们向来秉承和平发展的理念，不称霸是我们的一贯主张和做法，同时我国也是现行国际秩序的坚定维护者、建设者和贡献者。与之相对比，赤裸裸的霸权主义行径无疑会激发大学生内在的爱国热情。比如，美国将所谓《2020年维吾尔人权政策法案》签署成法，是对国际法和国际关系基本准则的又一次公然违背，显示出浓厚的霸权主义色彩。①

4. 中国国际地位的提升增强了大学生的制度自信

鸦片战争以来，中国开始被动地打开国门，频繁地与世界各国交往和联系，并逐渐从民族心理中摒弃了"天朝大国""唯我独尊"的自我认识，真正清醒地认识自我并在世界发展的大势中审视自我、定位自我，寻求中华民族的伟大复兴成为近百年来的"中国梦"。如今，在中国共产党的领导下，沿着中国特色社会主义的道路不断前进，中国已经成为世界多极化发展中不可小觑的一极，综合国力、经济实力大幅上升，国际地位也空前提升。特别是党的十八大以来，以习近平同志为核心的党中央在对外交往和涉外事件中的积极态度，进一步提升了中国的负责任大国形象。我国积极推动与周边国家的经济交往和贸易发展，从共建丝绸之路经济带，建设新时代海上丝绸之路，建立亚洲基础设施投资银行，到打造中国—东盟自由贸易区升级版，促进了周边地区的经济融合；中俄领导频繁会晤，达成石油和天然气等能源合作项目，使得中俄之间的互信关系更加牢固；中美两国元首"庄园会晤"和"瀛台夜话"，达成"不冲突不对抗、相互尊重、合作共赢"的共识，为中美两

---

① 赛义德·哈桑·贾韦德：《霸权主义行径应受到强烈谴责》，载《人民日报》，2020年07月06日，第03版。

国建立新型大国关系，打破新兴大国和守成大国的冲突对抗奠定了基础；中欧合作不断取得新进展，在各领域达成多项务实合作；同时中国领导人对东南亚、中亚、非洲、南美洲、大洋洲各国的集中访问，开辟了中国特色大国外交的新局面。中国特色社会主义的发展进入新时代，新时代大国外交充分体现了中国特色和时代精神，并达到了引领人类发展的进步潮流的效果，体现了走进世界舞台中央的大国气派。新时代的大国外交注重加强党的集中统一领导，统筹国际国内两个大局，围绕中华民族伟大复兴的中国梦，坚持和倡导和平发展的道路，站在全球视野倡导构建人类命运共同体，引领了世界外交的潮流，展现了中国的世界情怀。

当代大学生见证了社会主义中国的开放包容和自信，从中可以体会到新时期中国外交更具全球视野，中国作为新兴大国在国际舞台更加充满活力。随着国际地位的提升，国人在国际社会中普遍增强了自豪感和自信心，富裕起来的中国人开始走出国门频繁地参与国际交流中，出国留学、出国旅游已经成为中国普通家庭的比较现实的选择。同时，国际交流力度的增大，使得生活在国内的居民照样可以享受到来自全球各地的商品，美国、英国、德国等老牌资本主义国家的公民到中国定居、工作、学习的现象越发普遍。对于一个国家的公民而言，其所在国家在国际上的地位也关乎其自我定位，成长于新时代的大学生在自我定位的过程中，自然由衷地感受到祖国的变化，切身感受到了党的领导和中国特色社会主义道路带来的国家发展和国际地位的提升，极大地增强了民族自尊心、自信心和自豪感。

5. 中国与以美国为代表的资本主义发达国家的差距容易使大学生陷入对西方社会的盲目崇拜

世界多极化的发展趋势中，当前的世界格局，人们多用"一超多强"来描述。"一超"指美国，只有美国具备成为超级大国的国家权力和国家实力，美国作为超级大国的实力、地位是综合性的，欧盟作为世界多极化中的一极虽然能够在经济上与美国形成一定的抗衡，但是政治影响力和军事力量还远逊于美国，美国的全球战略也是从建立全球霸权的角度出发制定的。因此，客观上，美国在政治、经济、军事、科技、文化各方面都具有一定的实力和对世界的影响力，主观上，美国推行单边主义，妄图建立由美国主导的"世界新秩序"，在全球范围内宣扬和推销自己的意识相态、政治制度、价值理念。从当前世界多极化的发展来看，在短时间内难以改变美国一极独大的现状。

在全球化深入发展的时代，大学生对世界的关注程度提高，对世界的关注首先就是对美国的关注，世界上实力最强、最发达的国家，政治制度、意识形态、文化理念完全与我们不同的国家，军事、科技力量最发达的国家，本身对大学生具有很强的吸引力，所谓"美国的月亮也比中国的圆"在当代大学生中也不是一点没有市场。

作为发展中国家，中国与美国的差距客观存在，在全球化深入发展的过程中，美国一极独大的世界格局对发展中的中国就形成了一种渗透优势，而因为政治制度的不同，美国对中国有意识的渗透就更增加了渗透的压力，使得中国大学生更容易受到冲击，容易对马克思主义、对公有制、对集体主义、对中国特色社会主义的道路选择产生怀疑。

三、科学技术迅猛发展的影响

当今世界科学技术迅猛发展，在科技的推动下世界正以前所未有的速度发生变化，波及各个领域，冲击着每一个人的思想认识。

（一）大学生对科学技术迅猛发展反应敏锐

科学技术的突飞猛进已经成为新时代的典型特征，科技部原部长朱丽兰讲过，如果1950年的时候，人类知识总量翻一番用50年，那么到2020年将只需73天。可见科学技术的进步速度之快。

1. 21世纪科技进步的三大特点

一是科学与技术的高度融合和相互渗透。在原有的科技体系中，科学的发展总是领先于技术，技术从科学发展中演化而来，新时代科学的进步和发展某种程度上更加依赖技术手段的进步，同时科学与技术之间的转换速度越来越快，相互之间的融合度越来越高。二是原始创新正成为科学技术竞争的制高点。如今，科学技术的发展对国家和社会的经济发展拉动作用前所未有，抢占科技发展的制高点意味着一个国家经济和各方面实力的快速增长。三是科学技术的发展日益全球化。首先在科学技术领域需要全球合作的研究越来越多，如全球环境变化问题、国际空间实验室问题等，同时经济全球化和信息技术的发展促进了科学技术资源的流动和共享。从研究内容上看，信息科技、生物技术、新材料研究正在成为新的研究方向并取得了飞速的进展。

2. 大学生对科技进步的敏感度更高

新时代的大学生往往是新科技和新技术手段的率先尝试者。中国互联网络信息中心（China Internet Network Information Center，CNNIC）2019年发布的第44次中国互联网发展状况统计报告显示，截至2019年6月，我国网民规模达8.54亿，其中学生的群体比例最高，占比为26%，大学生是学生网民中最大的群体。大学生所在群体特性决定其密切关注前沿科技的发展。在社会群体中，大学生有一定的知识积累，学习任务要求其关注前沿科技发展，特别是其中的硕士研究生或者博士研究生因自身立足科技前沿，对最新科技发展及其应用更感兴趣。大学生群体的生活氛围也容易使他们关注科技前沿发展，教师及对科技发展感兴趣的同学也会在一定范围内积极传播最新的科技进展。

大学生所处的年龄阶段决定其关注科技前沿的发展。大学时期是一个人有了一定的知识积累又保持尝试新鲜事物兴趣的时期,对新鲜事物有兴趣并且愿意尝试,因此,对新推出的应用,大学生也是积极尝试者。

大学生,特别是工科大学生一定程度上存在技术崇拜。工科学生因为要学习科技基础知识,能够深刻体验科技进步的艰辛,对前沿科技的进步不仅敏感度高,而且存在崇拜心理。

(二)科学技术迅猛发展对大学生理想信念的影响

科技迅速变革对大学生的思想认识必然产生影响,他们成为信息化和新技术的最新应用者,并且是在生活方式的改变中不自觉地被影响着。

1. 科技迅猛发展对大学生的影响

第一,科技发展带来生活方式的改变。

一方面是衣食住行的改变。在衣食住行方面,因为高科技的发展,服饰的材料空前广泛,从天然材料到人工合成材料,取材范围更是遍布全球,纳米技术也已经在服装上应用;因为高科技的应用,在种植业领域,粮食的稳产和增产越来越得到保障,因为人类在外太空的活动,转基因种子已经实验成功并在一定领域得到应用;在住方面,利用发达的科技手段,人类的足迹遍布全球,并且在外太空建立的空间站也成为人类驻足的地方,人们利用各种新型材料建造房屋,高科技使得各种摩天大楼、造型新奇的房屋成为可能;高科技更是使人类的出行发生了翻天覆地的变化,波音飞机、高速铁路、磁悬浮列车将地球上人与人的距离拉得越来越近,甚至地球也形象地被称为"地球村"。另一方面,除了在衣食住行方面的重大改变之外,高科技也改变着人类的交往和交往方式。社会交往的地域正在不断地扩展,但同时因为血缘和地缘的分离、工作地和居住地的相对分离，人们社会交往的地域在不断扩大的同时，因为相近地缘而结成的原有的邻里关系正在淡化，而人和人之间的交流活动也更多地从现实走向虚拟，从社会生活走向网络。

第二，科技发展改变人的思想认知。

高科技改变人的时空概念。高科技在改变人类生活的同时，也改变着人的时空概念。在生活中，人们对时间和空间的认识都在随着科技的发展而发生改变。如，坐上飞机利用时差的变化可以使时间倒退；因为科技的发展使得现代社会生活的节奏不断加快，单位时间获取的内容更多，使得时间相对的延长。现代交通工具使得空间在不断地缩小，地球上的人们从来没有像这样紧密地联系着；随着计算机、网络技术的应用，虚拟空间也正在为人们所接受；而电子商务的发展更是对现实生活中的实体商店造成了相当大的冲击等。同时，在科技发展前沿，时空概念发生着更大的变化。相对论、量子力学在人类对时空的认识中发挥着重要作用，宇宙空间中的黑洞理论、时空隧道等都改变着人们对传统时空概念的认知。

高科技应用于武器装备改变传统战争概念。如高技术战争、信息化战争等。在高技术战争中，信息成为新的战斗力要素，成为更多依靠信息实施精确打击的战争。夜视器材的使用，使黑夜不再是作战的障碍和掩护。生物技术应用于武器对其性能有很大的提升，等等。

2. 高科技迅猛发展对大学生理想信念的影响

科技发展并不直接作用和影响大学生的理想信念，而是通过影响其心理和思想认知方式产生间接影响。

首先，科技迅猛发展带来大学生求新求变心理常态化。高科技在改变我们生活方式的同时也改变着我们的思维和认知，特别是成长在新环境中的大学生，他们正是在科技飞速发展的时期逐渐成长，他们对高科技的认可度更高、运用科技解决问题的意识更强、掌握科技知识的速度更快。他们随时准备求新求变，同时把这种求新求变的心理推广在自己生活中。在理想信念方面，科技影响的外在表现有以下几点：

第一，有的大学生抵触或反感理想信念的传统教育方式。对传统的灌输的思想政治教育方式，对说教式教育引导缺乏兴趣、心存抵触，认为科技和生活都在发生极大变化，理想信念教育还用老一套的方式就是不科学的表现。

第二，有的大学生产生马克思主义理论已经过时的心理误区。因为科技知识更新迅速，有的大学生认为马克思主义的基本理论、世界社会主义建设和发展的理论并没有飞速的发展，简单地以科技变革带来的社会发展来度量社会发展理论，从而认为马克思主义理论已经过时。

其次，科技崇拜心理干扰大学生对社会文化知识的积累与传承。对科技的崇拜容易使得大学生缺乏人文关怀，忽视社会文化知识的学习。容易产生一切都用实验和数字说话的思维惯性，认为只有科技进步才是最牛的、最有用的，社会文化知识不重要，对人类社会发展和进步没有太大作用。

大学生在某种程度上存在的科技崇拜心理，干扰了他们对社会发展规律的关注和学习。同时，单纯注重科技发展，会带来人文关怀的缺乏和对社会文化关注的减少，会直接导致社会道义感的下降以及对社会政治理想的漠不关心。在少数大学生和青年教师眼里，社会文化、社会政治理想都是虚无的、无用的。

再次，生产力的迅速提高为社会主义建设提供物质基础。科技的迅猛发展带来的是生产力的迅速提高，世界范围内生产力的提高在逐渐印证马克思关于社会主义和共产主义的某些论断，也为社会主义国家的建设提供了物质基础。例如，马克思曾经预见到，共产主义不可能在一个国家和民族实现而是全球共同实现，如今信息化发展带来了全球的紧密联系,全球化的发展也日新月异。在中国,随着科技的迅猛发展,信息化、"互联网+"在社会生活领域的广泛应用,我国社会生产力得到迅速提高,使得中国特色社会主义建设过程中党和政府在消灭贫穷、消除两极分化,提高人民生活水平方面积极作为,为全面建成小康社会,实现社会主义现代化奠定了物质基础。物质基础的积累有利于党和政府从社会主义价值取向的角度在再分配领域进行调节,有利于社会主义精神文明的建设,在良好的社会环境营造、正确的价值导向方面影响大学生,从而使他们能够正确认识和把握科技在人类社会生活中的定位与作用。

四、文化多样化的影响

全球化条件下,文化多元不可避免,多元文化在一定程度上促进了世界文化的多样性,但是同时也会冲击一国的原有文化,影响人们的思想意识。

(一)大学生处在多样文化的浸染之中

全球化带来了全球交往的密切和频繁,带来了对各国经济、政治、军事和文化的影响,这种影响既包含着思想文化的相互交流与碰撞,也包含着在全球化中居于主导地位国家有意识地输出他们的文化产品、生活方式、社会言论等。对他国原有思想文化带来的冲击,形成了思想文化相互激荡的社会现实,这种思想文化领域的客观存在带来了民众思想认识的变化和差异,因为思想文化的多样性也带来了个人选择的增加。大学生正处在思想文化传播的前沿。

1. 大学是思想文化传播的前沿阵地

大学肩负着社会文化传承创新的重任,大学也是国内外思想交汇的场所，一批站在学术和科技前沿的专家学者关注和研究最新的思想文化成果，并且积极进行文化创新并向学生传播。生活于其中的大学生必然会通过课堂、讲座、研讨交流等方式，感受最新的思想文化。

2. 大学生是思想文化传播的敏感人群

从大学生的年龄阶段看，他们对最新思想文化接受最快，大学阶段的青年人学习和吸收文化知识的能力较强，接收速度快。同时，青年时期也是他们思考认知人生相对集中的时期，对最新的思想、思潮乐于接收，愿意思考。

从大学生习惯的接收信息的方式看，他们第一时间了解第一手信息。大学生对信息化手段的应用，非常热衷并且很快就应用娴熟，只要他们愿意，通过信息化手段可以随时查看世界各地的新闻、时事、热点解读、思潮流派介绍等。

从政治角度出发，大学生是各方势力争夺的热点人群。一个社会的主流意识形态必须得到青年人特别是大学生的认可，才能维系社会的稳定和发展，敌对势力也只有蛊惑占领青年人的思想，才能达到扰乱人心，颠覆政权的目的。

（二）中国特色社会主义文化建设增强了大学生的文化自信

党的十八大以来，以习近平同志为核心的党中央高度重视中国特色社会主义文化建设，在道路自信、理论自信、制度自信的基础上提出了文化自信，并列使用。习近平总书记指出，"文化自信，是更基础、更广泛、更深厚的自信，是更基本、更深沉、更持久的力量。坚定文化自信，是事关国运兴衰、事关文化安全、事关民族精神独立性的大问题。"[1] 在持续加强中国特色社会主义文化建设的过程中，大学生也身处

---

[1] 习近平：《习近平谈治国理政》（第 2 卷），北京：外文出版社 2018 年版，第 349 页。

其中，深受感染，更深刻地感知到中华民族优秀传统文化的博大精深，感受到革命文化中坚定信念的磅礴之力，感受到社会主义先进文化成风化人、凝心聚力的重大作用，大学生在增强文化自信的同时，道路自信、理论自信和制度自信也随之增强了。

1. 对优秀传统文化的弘扬，使得大学生立足五千年文明审视中国与世界

党的十八大以来，习近平同志注重弘扬优秀传统文化，从优秀传统文化中寻求中国特色社会主义文化的深厚根基。习近平总书记讲道："文化是一个国家、一个民族的灵魂。历史和现实都表明，一个抛弃了或者背叛了自己历史文化的民族，不仅不可能发展起来，而且很可能上演一幕幕历史悲剧。"[①] 中国特色社会主义文化植根于五千年的中华文明，就有了深厚的根基和力量，同时推动中华文明的创造性转化、创新性发展，使得"中华民族最基本的文化基因与当代文化相适应、与现代社会相协调，把跨越时空、超越国界、富有永恒魅力、具有当代价值的文化精神弘扬起来"[②]。这样在有了深厚的文化滋养、吸收了现当代世界先进文明的基础上，中国特色社会主义文化才能繁荣发展。也正是这样的文化，对广大中华儿女都具有很强的统摄力和凝聚力。大学生生活在新媒体新文化的前沿，他们对文化的感知力更强也更敏感，大学生在感知和把握中国特色社会主义文化的过程中，关于中国特色社会主义文化的思维逻辑就理清楚了，他们自觉地站在五千年文明和世界先进文明的结合处看世界，看中国，自然就能够更清晰地认同历史和人民对中国特色社会主义道路的选择，自然增强了对中国特色社会主义文化的自信和认同。

---

① 习近平：《习近平谈治国理政》（第2卷），北京：外文出版社2018年版，第349页。
② 习近平：《习近平谈治国理政》（第2卷），北京：外文出版社2018年版，第340页。

2. 坚持和巩固党对意识形态工作的领导，在大学生心中确立了鲜明导向

在思想认识领域，应旗帜鲜明、大张旗鼓地倡导中国共产党的马克思主义信仰、共产主义理想，亮明"我们共产党人的本，就是对马克思主义的信仰，对中国特色社会主义和共产主义的信念，对党和人民的忠诚"①。对宣传工作、对文艺工作、对互联网阵地、对社会科学工作者的集中倡导和谆谆告诫，使得思想认识领域风清气正。大学生身处社会思潮激荡的前沿，对马克思主义真理性的深入认识、对中国共产党初心和使命的认识，使得他们能够增强对各种社会思潮的甄别能力；同时中国特色哲学社会科学体系的构建，滋养着大学生的心灵，丰富了大学生的认知；网络空间的净化，减少了虚假、诈骗、攻击、谩骂、恐怖、色情、暴力，为大学生提供了一个风清气正的网络空间。

3. 践行社会主义核心价值观，凝聚大学生同心同德

"人类社会发展的历史表明，对一个民族、一个国家来说，最持久、最深层的力量是全社会共同认可的核心价值观。核心价值观承载着一个民族、一个国家的精神追求，体现着一个社会评判是非曲直的价值标准。"② 社会主义核心价值观从国家、社会、公民个人三个层面回答了在中国，在新时代我们要建设什么样的国家、社会，培育什么样的公民，这是对全体中华儿女共同认同的价值的集中总结提炼，是最大公约数。这有效地廓清了大学生在价值追求和价值评判上的认识。同时在核心价值观落实、落细、落小方面，核心价值观不仅贯彻了规章制度、行为守则，还无处不在、无时不有，大学生生活在这样一种价值引领之下，自然受到感染，自觉践行社会主义核心价值观。

---

① 习近平：《习近平谈治国理政》（第 2 卷），北京：外文出版社 2018 年版，第 326 页。
② 习近平：《习近平谈治国理政》（第 1 卷），北京：外文出版社 2018 年版，第 168 页。

4. 社会主义社会风尚建设，潜移默化影响大学生

党的十八大以来，强调建设和发展国家文化软实力，从思想道德抓起、从社会风气抓起；全面从严治党，抓党风、政风；注重加强家庭、家教和家风建设，用好家风支撑起全社会的好风气。风正林直，露润花红，好的风气是对人的心灵的滋养，是人们心灵的归宿。中国特色社会主义进入新时代，中国特色社会主义道路、理论、制度都已经相对成熟，文化也到了总结提升和加强的阶段，社会风尚对文化是一个有力的支撑和注脚，同时文化也是风尚的来源，滋养风尚。社会风尚的建设对青年人特别是对大学生是一种潜移默化的影响。

（三）文化多样化对大学生理想信念的影响

世界范围内思想文化的相互激荡对大学生的理想信念造成了一定的影响。

1. 多元文化影响对主流意识形态的认同

各个民族都有自己独特的民族文化，在经济全球化的背景下世界各民族的深入交往促进了文化的交流，"越是民族的就越是世界的"，文化多元不可避免，多元文化在一定程度上促进了世界文化的多样性。但是同时对某一国国民来讲，在多元文化的交汇和冲突过程中必然会冲击原有主流文化，冲击意识形态。亨廷顿曾经预言："文化的冲突正在增长，而且如今的文化冲突比以往任何时候都更危险"[①]。具体到我国来讲是对我国的传统文化和马克思主义信仰带来了冲击。

多元文化的传播带来了价值观念的多元。不同的文化倡导不同的生活方式、价值理念，中西方文化、传统与现代文化本身蕴含的价值理念

---

① 〔美〕塞缪尔·亨廷顿：《文明的冲突与世界秩序的重建》，周琪译，北京：新华出版社1998年版，第9页。

不同，在这种多元文化的影响下，大学生不可避免地产生价值理念的多元化，直接冲击马克思主义的价值理念。

多元文化模糊了意识形态之间的冲突。文化作为上层建筑，不可避免地携带着意识形态的基因。意识形态集中地反映着社会的经济基础，反映统治阶级的意识形态在社会中占有统治地位。在一个成熟的社会中，文化既是意识形态形成的基础又能巩固主流意识形态的统治地位。不同文化的冲击正是通过其携带的价值观念的不同冲击意识形态的基础。但是在全球化的深入发展中，在表象上大家直接感受到的是文化之间的冲突，西方发达国家也正是通过文化的传输逐渐在改变着国人的思想认识、价值取向。

大学生作为时代的新生力量，本身对新事物的好奇心更盛，对西方文化怀有一种了解的冲动；由于在成长过程中没有更多的机会了解西方发达国家，就更对他们的文化和生活方式充满了神秘感，甚至某种程度上抱有一种崇拜心理；同时，他们对于原有传统文化和马克思主义的认知还不是很深厚，对文化传播过程中的意识形态的隐形传播警戒心理较差。大学生正处于人生观、世界观、价值观的形成和巩固阶段，鉴别是非良莠的能力不强，对文化传播过程中意识形态的隐性作用更是缺乏足够的认识和抵御能力，再加上新奇感和好奇心的影响，使其很容易受到外来文化中不良文化的影响。大学期间，他们的眼界相对开阔，社会环境和现代技术手段使他们有了更多的机会去接触西方的文化产品和生活方式。而在这些文化产品中本身蕴含了西方有意识地文化侵略的内容，大学生很容易在其价值观未完全稳定的时期接收到不良影响，特别是西方文化所崇尚的个人英雄主义、拜金主义、享乐主义、暴力倾向、纵欲等，这些不良影响在无形中侵蚀和冲击着大学生对传统文化的坚守，消解主流意识形态的影响力。

同时我们还必须看到，当前我国正处于全面深化改革的攻坚阶段，多种社会矛盾凸显、多种利益交织,转型期的社会发展阶段为大学生提供了广阔的未来发展空间,但也使他们面临学习、生活、交往、就业等方面的困难和压力。特别是近年来高校招生规模不断扩大,相伴而来的是就业压力的与日俱增,同时社会上一些消极腐败现象的出现,使得少数大学生产生较严重的挫折感,一些宗教组织的关心和帮助往往使他们对其产生信任和依赖从而加入宗教组织。随着国际交往的日益频繁,国际敌对势力也通过宗教等形式进行文化传播和渗透。可以说多元文化的传播影响着青年学生对主流价值观的认同,影响着大学生对马克思主义的信仰。多元文化模糊了意识形态之间的冲突。

2. 非主流意识形态传播直接导致大学生理想信念弱化或迁移

意识形态是经济基础的必然反映,不同社会制度的国家、不同利益群体的个人,其意识形态、价值取向必然不同。2015年12月,习近平总书记在全国党校工作会议上的讲话中指出:"当今时代,社会思想观念和价值取向日趋活跃,主流的和非主流的同时并存,先进的和落后的相互交织,社会思潮纷纭激荡。"① 我国的主流意识形态是以马克思主义为指导、以社会主义核心价值观为基石,集中反映我国经济政治状况的一系列思想理论观点看法的集合,是建设中国特色社会主义的精神旗帜。在全球化进程中,由于国家间政治、经济、科技、文化的联系日益紧密,带来了意识形态的交流与交锋,形成了对我国主流意识形态的冲击。"世界上所有的社会学说、思想流派几乎都能在中国找到其踪影"②,新自由主义、社会民主主义、普世价值理论、西方宪政论、历史虚无主义、民族虚无主义、新左派思潮等,对青年人尤其是青年大学生产生了一定的干扰。

---

① 习近平:《习近平谈治国理政》(第2卷),北京:外文出版社2018年版,第328页
② 房宁:《影响当代中国的三大社会思潮》,载《复旦政治学评论》,2006年第1期,第265页。

青年大学生生活在全球化的环境中，成长于市场经济体制建立时期，他们讲求个人价值的实现，个人权利的保障，追求公正平等，崇尚科技和现代管理技术，厌恶强权和贪污腐败，他们没有经历过在中国共产党的带领下探索社会主义道路的艰辛，也缺乏对中国选择社会主义道路必然性的认识，在社会经验不足、分辨能力较低的情况下，也容易为片面的社会现实和现有思潮所左右。

3. 中华文化的影响走强有利于对传统文化的认同和继承

与改革开放初期不同，随着我国市场经济建设和改革开放取得的成效及积累，以及中国特色社会主义道路在理论和实践上的成熟，中华文化在人民和世界范围内的影响力都在悄然发生着变化。

改革开放初期，我们重在着眼于对经济发展的探索，重在改革开放道路的探索，对发达国家已有经验的借鉴和学习。在某种程度上，学习他人（包括文化和思维方式）相较于继承自身更加迫切，甚至在某种程度上存在着对自身文化和传统的否定，会认为某些中华文化和传统不再符合现代社会发展的需要。

改革开放40多年来，我国的经济建设终于取得了硕果，对中国特色社会主义道路的探索也已经比较成熟，党的十七大对中国特色社会主义道路、理论和制度进行了详尽的表述，标志着道路自信、理论自信、制度自信已经初步建立，在此基础上，人民对中华文化和传统又有了一个新的审视，中华文化在一定程度上得到弘扬，其影响逐渐走强。这种影响的走强一方面包含了对中华文化和传统的再认知，另一方面包含了在现代社会中中华文化本身在兼容并蓄中发展，并且文化和发展本身在现代社会中发挥着不可替代的作用。党的十八大以来，以习近平同志为核心的党中央更加注重对优秀传统文化的继承和弘扬，特别是注重将社会主义核心价值观植根于中华民族优秀传统文化的沃土中，对坚定国人文化自信，在世界范围内弘扬中华文化都发挥着重要作用。

首先，在国内，经历对国外制度、文化和思维方式的学习之后，我们对自己的文化有了一个客观的认识和评价，西方的制度和文化不能解决所有的问题，中国有特殊的国情，中国人必须建设自己的精神家园，由此对中华文化和传统形成了一个正确的批判继承的态度，发挥中华文化在现代社会中的作用逐渐成为人们所普遍接受的观念，如中华文化在现代公司文化建设中的应用；人们在繁忙的工作和快节奏的生活中从传统古籍和古典诗词的阅读和学习中寻找精神慰藉；受中华文化所滋养的民族精神如敬业、勤劳、奉献、平和等为现代竞争激烈的社会所肯定；等等。中华文化也在现代不同的社会中汲取着养分，得到进一步的丰富和发展。

其次，在经济全球化的过程中，中国的崛起震惊世界。因此，对中国经济崛起的研究不能不包含对中华文化的研究，而在文化领域所谓"越是民族的就越是世界的"，中华文化逐渐被世界所认知和接受，学习汉语不论从经济发展的需要还是从文化研究的需要都已经成为一股国际潮流；中国政府也借此机会弘扬中华文化，国家汉语国际推广领导小组办公室的统计信息表明，截至2020年，全球已有162国家（地区）设立了541所孔子学院和1170个孔子课堂。孔子学院向世界推广汉语，增强了中国与世界各国在教育、文化等方面的交流与合作，也有利于世界各国对中国的进一步了解。

中华文化影响的走强无疑也影响着广大的大学生，在一定程度上对增强大学生对中华文化的信心也很有帮助，从而对大学生接受传统文化的心理形成了正面、积极的影响。

五、社会信息化的影响

信息化技术的飞速进步正在将信息化成果和应用渗透到社会生活的

各个领域,已经成为社会生活的现实组成。

(一) 社会信息化在大学生中充分体现

对于生活在社会信息化发展进程中的大学生而言,他们获取信息的渠道和方式更加多元。大量的信息在瞬间到达,人们处于所谓信息"爆炸"时代,加速了知识的更新换代,这需要人们更多提升自我学习能力。信息化对经济结构的调整催生了大量新的职业和岗位,社会转型也为属于高知群体的大学生的就业提供了更多有利的条件,但瞬息万变的社会也对大学生把握和捕捉信息、机会的能力提出了更高的要求。

1. 互联网、虚拟空间、信息化成为大学生生活的组成

信息技术的高速发展已经融入大学生的日常生活,成为他们生活中的有机组成部分。互联网使得大学生能够随时随地获取各种网络信息。从技术手段上看,互联网作为快速传播信息的通道,使世界各地的人们享受着信息快餐,而计算机和移动终端的普及、无线网络在大学校园和公共场所的有效覆盖都为大学生随时随地接入互联网提供了可能。互联网与大学生日常生活联系更加紧密,互联网不但增加了大学生获取信息的方式和渠道,丰富了大学生娱乐生活,而且成为大学生思想交流沟通的重要平台。他们通过网络参与网络音乐、视频和游戏等娱乐活动,参与新闻的评论互动,通过微信、微博、抖音、快手等自媒体形成一定范围的舆论影响,他们利用网络进行购物、订餐、支付,甚至通过网络进行理财等活动。

2. 大学生占据获知第一手信息的主动权

由于互联网使用的便捷,大学生在获知第一手信息方面占据着主动权。从获取的内容上看,世界各地发生的新闻事件、各种知识信息的查询、权威学者的评论、大众发表的意见和点评等都成为大学生网上浏览

和查询的内容，来自世界各地的新闻、信息、评论、观点都在影响着大学生的认知。从获取信息的方式上看，越来越多的智能软件的开发，使得互联网的受众不仅仅是简单地、被动地接收信息，而是更多地成为其中的参与者和互动者，大学生不仅接收信息而且更加愿意参与分享评论，并且各种各样的软件为个人积极开辟虚拟空间提供了条件和便利，各种论坛、社交网站、QQ、博客、微博、微信、抖音、快手等，通过不同的方式在多角度为受众提供着参与互动的渠道，人们通过评论来发表自己对一个事物或事件的看法，通过论坛建立自己的虚拟空间，通过社交网站、QQ、微信、微博、抖音、快手突破时间和空间的限制来和更多的人发生互动和交流，随时随地发表文字、图片、音视频等内容，分享自己的信息、看法、观点，建立自己的受众群体。从参与互联网的方式来看，当前大学生作为网民中重要部分已经深度参与其中。互联网、信息化、虚拟空间已经融为一体，相互联系不可分割。

（二）社会信息化对大学生理想信念的影响

社会信息化从大学生获取信息方式的改变和获取信息的内容两个方面对传统思想政治教育方式提出挑战，同时从认知上对大学生的理想信念的坚定性产生影响。

1. 新媒体影响传统传播媒体的教育效果

新媒体传播的流动性、瞬时性、隐匿性、扁平化等特点对大学生的信息选择能力提出了更高要求，大学生对大量的信息不加选择、不会选择必然影响着他们理想信念的确立和巩固。传统意义的大学生理想信念教育依托的主要载体是教育者对学生面对面的讲授、广播、电视、报刊等，所有传播的内容均经过层层的过滤和筛选，通过严格把关而呈现在学生面前的必然是符合主流价值观的内容，带给学生的影响也一定是正向的、积极的，新媒体环境下的信息传播内容鱼龙混杂，各种思潮、价值观念、消极新闻事件、歪曲真相的信息，必然对认知能力不足的大学生产生负面影响。手机新闻客户端和抖音、快手的新闻号为大学生提供新闻信息，已经成为大学生获取新闻内容的重要平台，尤其一些大的新闻客户端平台其报道内容已经对大学生起到导向作用，很容易成为大学生心目中的权威发布，如果这些平台传播谣言等虚假信息内容，也容易对大学生产生不良后果。因此，政府应该加强对新闻内容的质量监管和把控，排除虚假和不良内容对大学生的影响，为大学生营造一个健康的互联网络环境。

2. 网络安全事件影响大学生

大学生使用网络范围广，而安全意识不强，网络安全防护手段缺乏。笔者2019年针对北京高校大学生开展的问卷调查显示：大学生主动学习获取网络安全知识的意识不强，在网络安全知识获取方面，约2成（21.66%）大学生认为自己的网络安全责任意识不强，近9成（87.5%）大学生不会经常有意识去学习了解关于网络安全方面的知识，这表明大学生主动学习获取网络安全知识的意识不强。大学生网络安全防护能力不强，采取的安全防护措施不足，在网络安全防护能力方面，约有2成同学不设置个人终端登录密码，有3成学生不进行定期查杀病毒和升级，有5成学生没有进行定时进行重要数据备份，这表明大学生网络安全防护软件使用能力不强，采取的安全防护措施不足。

因此，总体上大学生网络安全意识较差，大学生社会生活经验不足，遇到网络安全问题的伤害更大，因此，应该加强大学的网络安全意识的培养，同时政府和监管部门应该加强对网络环境的监管，帮助大学生从网络获取真实信息，排除虚假信息干扰，同时加大对网络游戏内容的审查监管和对网络游戏运营商的约束，使得网络游戏更加适合大学生，减少不良网络游戏内容对大学生的影响。

在网络化、虚拟化的生活中，大学生更容易受网络不良信息的影响,他们辨识网上信息真伪的能力相对较低,对不良信息抵制能力差,容易对互联网上传播的信息过度信任。

3. 沉迷于网络和虚拟空间影响了大学生的日常生活

互联网和虚拟空间加大了人们的交往范围,实现了对日常生活中的时空跨越,对现实的社会生活是一种良好的补充。大学生正处在青年时期,正是建立对外交往关系、提升人际交往能力的重要时期。但是,部分大学生对诱惑的抵制能力相对较差,往往沉迷于网络游戏不能自拔。笔者2019年针对北京高校大学生开展的问卷调查显示:在上网时长方面,37.87%(接近4成)的大学生每天的上网时长超过3小时,17.83%(近2成)的大学生每天的上网时间甚至超过6小时。长期沉迷于网络,会导致大学生正常学习生活受到严重影响,同时游戏中的色情和暴力内容危害大学生的身心健康。也有的大学生因为不善于对外交往而一味沉溺于虚拟空间,以虚拟化的自我代替日常中的真实自我,造成了个人自我性格的扭曲,影响了他们对现实社会的认识。脱离了现实社会,脱离了正常的学习生活,理想信念就无从谈起。

4. 知识更新换代的加快使大学生面临更大的学习压力

社会信息化发展的推进使得知识更新换代的速度加快,也同时使得学习方式正在面临着一场革命。社会信息化使得信息传播的手段更加多元,使得信息传播的速度更快,大量信息通过新的平台、新的技术手段进行传播,促进了信息的交流和互通,从而加速了知识的传播,客观上促进了知识的更新换代。社会信息化使得大学生需要更多地学习前沿知识。大学生正处于学习吸收能力最强的阶段,同时专门在校学习的条件使得他们需要尽可能掌握更多的前沿知识。信息传播方式的革命性变化也需要大学生提升信息收集和处理的能力。他们需要掌握传统和现代的资料查询、信息收集与反馈的技术手段,慕课(Massive Open Online

Course，MOOC）正在悄然改变着大学生的学习方式，课堂和听课已经不是唯一的学习渠道。在大量收集信息的同时，大学生还需要学会对信息进行处理加工和甄别，并在自我学习中有效利用。社会信息化需要大学生树立终身学习的理念并掌握终身学习的方法，养成终身学习的习惯。从大学生的心态上讲，这使得他们面临着比较大的学习压力，也迫使他们更早地养成独立学习、探索式学习的习惯。

5. 经济结构调整使大学生面临更大的生活压力

社会信息化催生了社会经济结构的调整，推动着社会转型，在此过程中，新的职业群的兴起与传统职业的没落同时存在。"互联网+"的模式正在悄悄改变着我们的生活。微信瓦解收费短信，对运营商的垄断营销提出直接挑战；滴滴打车正在改变着人们的出行方式，甚至挑战出租车行业；各种电子交流平台和媒介的出现，打造着自媒体时代，创造了无障碍交流的平台，使得各种中介行业也面临洗牌。与此同时，能够把握信息化的发展趋势并有预见性地选择职业和创业的人正在创造着一个个神话。可见，社会信息化促进了社会转型、经济结构调整，在此过程中，大学生作为高知群体，面临着更多的就业机会，社会也同样对其把握和寻求机会的能力提出了更多的要求。从心态上讲，市场和社会的变化带来了更多的不确定性，增加了大学生的求职压力。

总体而言，社会信息化需要大学生以更独立的方式应对学习和就业，即对主体性的发展提出了更高要求，由于理想信念的确立和巩固也是建立在主体性发展的基础上的，因此，帮助和引导大学生树立理想信念，一方面要考虑他们面临的压力并帮助他们增强能力、缓解压力，另一方面，在主体性发展的过程中要及时进行理想信念教育，正确的社会政治理想信念的树立有利于他们树立远大目标，从更广阔的视野中思考职业和学习。在主体性发展的过程中往往伴随着社会政治理想的树立，如果不能及时教育和引导可能会导致大学生错失发展机会。

第四章　国内现实对大学生理想信念的影响

社会现实作为意识产生的基础对大学生理想信念的形成和坚定程度都产生着重要影响。党的十八大报告指出,"当前,世情、国情、党情继续发生深刻变化,我们面临的发展机遇和风险挑战前所未有"①。分析国内社会现实发展对大学生思想认识产生的影响,特别是对大学生理想信念产生的影响具有重要意义。本章从正反两个方面,探讨目前国内现实社会环境对大学理想信念的形成产生的影响。

一、党和国家事业的历史性变革和历史性成就激励大学生

从总体上说,国内现实社会环境对大学生理想信念的影响是积极向上的。人民生活水平日益提高是大学生理想信念形成的直观感知基础,中国特色社会主义的成功是大学生坚定理想信念的来源,有利于大学生坚定社会主义理想信念,"五大建设"描绘的中国特色社会主义建设的

---

① 本书编写组:《中国共产党第十八次全国代表大会文件汇编》,北京:人民出版社2012年版,第2页。

蓝图，有利于大学生更加有效地将个人理想与社会理想衔接，"四个全面"的战略布局的提出对新时期大学生理想信念起到了指引作用。

（一）"全面从严治党"赢得了大学生的衷心拥护

1. 党的十八大以来，全面从严治党成效显著

党的十八大以来，以习近平同志为核心的党中央全面加强党的领导和党的建设，将全面从严治党纳入"四个全面"战略布局。党中央从抓思想从严、抓管党从严、抓执纪从严、抓治吏从严、抓作风从严、抓腐败从严六个方面协同推进，以顽强的意志品质正风肃纪、反腐惩恶，直面党面临的重大执政风险，解决了党和国家内部存在的突出问题，赢得了党内外、国内外的高度评价。

党的十九大报告中强调，"中国特色社会主义最本质的特征是中国共产党的领导，中国特色社会主义制度的最大优势是中国共产党的领导，党是最高政治领导力量"[①]。在坚持和加强党的领导的前提下，全面从严治党工作扎实推进，从政治意识、大局意识、核心意识、看齐意识入手，层层落实管党治党的政治责任，不断向基层延伸。全党积极开展党的群众路线教育实践活动、"三严三实"专题教育、"两学一做"学习教育、"不忘初心、牢记使命"主题教育取得了实实在在的成效。贯彻新时代好干部标准，加强干部队伍的理论武装和思想教育，推进领导干部能上能下，党内风气明显好转。党的建设的制度约束不断加强，党内法规制度体系不断完善。"党的作风是党的形象，是观察党群干群关系、人心向背的晴雨表"[②]。反腐败斗争力度大大加强，坚定不移地"打虎""拍蝇""猎狐"，查处了一大批腐败案件和腐败分子，不敢腐的目标初

[①] 习近平：《决胜全面建成小康社会　夺取新时代中国特色社会主义伟大胜利——在中国共产党第十九次全国代表大会上的报告》，北京：人民出版社2017年版，第19—20页。

[②] 习近平：《习近平谈治国理政》（第2卷），北京：外文出版社2018年版，第35页。

步实现,不能腐的笼子越扎越牢,不想腐的堤坝正在构筑,反腐败斗争力度大大加强且得以巩固发展。

2. 政治巡视坚决维护党中央权威

仅 2012 年—2017 年 5 年间,中央巡视组就已开展 12 轮巡视,共巡视 277 个党组织。巡视工作在不断推进的同时还采取"回头看"的再巡视方式对党的组织做全面的"体检",凸显党中央顽强的意志品质和党内监督的韧劲。根据巡视发展的问题线索,一大批高级领导干部严重违反党章党规的腐败案件得以查处。统计数据显示,在中央纪委执纪审查的案件中,有超过 60% 的问题,线索来自巡视①。巡视已成为考察治党责任落实情况、党风廉政建设和反腐败斗争的重要平台,是党内监督的重要方式,强化了反腐的震慑作用,推动了全面从严治党不断向纵深发展。

全面从严治党工作的持续、深入推进,使得党的执政能力和领导水平得以不断提高,实现了全党思想上统一、政治上团结、行动上一致。党内政治生活气象更新,党内政治生态明显好转,全党理想信念更加坚定、党性更加坚强,党自我净化、自我完善、自我革新、自我提高的能力显著提高,坚持从人民群众的根本利益出发解决各种社会矛盾,党群关系明显改善,党的创造力、凝聚力、战斗力显著增强,为党和国家各项事业发展提供了坚强政治保证。

3. "全面从严治党"强化了大学生的政治信仰

全面从严治党改善着整个国家的面貌,也影响着每一位大学生。大学生是文化水平较高、政治基础较好的群体,他们所具备的政治素质,树立的政治信仰对于国家的前途命运和整个社会的发展稳定具有极其重

---

① 《锻造巡视监督利剑 探索自我净化路径 推动全面从严治党向纵深发展》,载《人民日报》,2017 年 09 月 29 日,第 01 版。

要的意义。全面从严治党使大学生感受到中国共产党是一个勇于直面执政风险，善于自我反省、敢于自我剖析、勇于自我革命的政党。在全面从严治党的背景下，大学生更加关注国家的方针政策，从而加深了他们对世情、国情、社情的了解。这一战略布局所取得的一系列成就使大学生感到大快人心，使大学生认识到中国共产党始终以人民为中心的坚定立场，赢得了大学生对党的执政地位和执政理念的高度信任，增强了大学生的道路自信、理论自信、制度自信，进一步坚定了理想信念。

全面从严治党使大学生的入党动机得以端正。入党动机是政治信仰的直接体现。全面从严治党关键在"严"，要求党员作风要正、纪律要严、素质要高、责任要强，以对这种理念的认同感作为大学生能否入党的标准，培养学生党员树立共产主义远大理想和中国特色社会主义共同理想，有助于提升党组织的号召力和影响力，吸引优秀大学生加入党组织，促进党员队伍整体素质的提升，为中国共产党增添新鲜血液。普通大学生也在全面从严治党这一战略布局的指引下，向党员大学生看齐，以党员的标准严格要求自己，改变自身价值取向的功利化，提高学习、生活的积极性，从而使大学生的理想信念更加坚定。

全面从严治党为大学生营造了清朗的学习环境。全面从严治党影响的不仅是政治生态，还有社会风气、学习环境。过去一段时间由于党内不正之风的弥漫，校园内也产生了严重的腐败现象。处于大学时期的学生通常具有很强的观察力与模仿力，他们在校园内的所见所闻、所思所想会对他们的思想与行为造成极大的危害，而且会腐蚀学生的心灵，阻碍学生的健康成长。全面从严治党对于校园腐败的整治为大学生营造了公平、有序的校风与学风，使大学生远离"邪门歪道"，能够获得更多公平竞争的机会，从而使他们更加注重自身能力的培养。同时，全面从严治党对于大学生潜移默化的影响也是大学生德育教育的重要内容，廉洁的校园文化氛围和校园里的廉洁教育能够促进大学生的健康成长、成才。

（二）人民生活水平日益提高夯实了大学生理想信念的基础

大学生生活在现实中，人民生活水平的日益提高是伴随大学生成长的客观现实，也是大学生能够直接感知到的社会发展，是他们形成中国特色社会主义理想信念最直观的认识、最坚实的基础。

1. 人民生活水平日益提高为大学生的自我实现奠定了物质基础

随着人民生活水平的日益提高，人民在一定程度上逐渐摆脱了物质对人的发展的限制，即在一定程度上促进了人的自我发展。这也为大学生的自我实现奠定了物质基础。从新时代大学生的生活环境来讲，他们因为有物质的支撑，更多地把精力和注意力转移到实现个人价值和对实现个人价值权利的追求上来。而物质条件的改善为实现他们的愿望也提供了相应的条件。在新时代的大学生中，几乎每个人小时候都接受过各种各样的特长教育，甚至曾经有一句话来形容他们的才艺："在现代的大学生中有才艺的不值得注意，没有才艺的才更突出"，也就是说，他们成长过程中的物质条件足以供给他们充分挖掘自我兴趣和爱好的空间。从博雅数据库整理的部分名校退（休）学率可以看出，2013年入学，2017年毕业的学生中，北京大学退（休）学率为4.2%，清华大学退（休）学率为7.6%，复旦大学退（休）学率为12.1%，上海交通大学退（休）学率为9.3%。从多年高校工作的实际出发，退（休）学这部分同学，有的是因为不喜欢所学专业而退学，有的是因为学习困难而被迫退学。同时，各高校基本都设置了转专业通道。这说明，一方面上大学正在成为个人发展的一种渠道选择，而不仅仅是为了谋生的被迫选择，另一方面也说明一般家庭都能负担地起学生的复读费用。在当前的物质条件支撑下，在国内读大学也已经不是唯一的和最佳的选择。2019年3月27日教育部官网公布："2018年度我国出国留学人员总数为66.21万人。其中,国家公派3.02万人,单位公派3.56万人,自费留学59.63万人。"。经济的发展为90后、00后孩子的成长提供了更多的可选择的机会,也为他们自我价值的实现提供了物质基础。他们在接受这种物质基础的同时也深知,奠定这些物质基础依靠的是党的坚强领导,是党的路线方针政策。

2. 新时代大学生在生活中形成对中国特色社会主义道路的自然认同

新时代的大学生大多都是90后,他们出生在改革开放初步取得成果的时期,随着我国建设中国特色社会主义道路的历程而成长。在他们的成长的过程中,在物质生活方面已经基本告别了物质短缺,不仅物质商品越来越丰富,而且商品的品质也越来越得到提高;在社会生活方面,人与人之间的平等、尊重、民主权利等越来越得到保障,人民的各项权利在得到保障的同时,个性和自我价值日益觉醒并得到尊重。在政治方面,中国特色社会主义的建设取得成效,中国特色社会主义的理论日益成熟,民主政治建设也日益取得成效。总体上看,新时代大学生成长的时期正是我国建设中国特色社会主义的关键时期,物质保障、权利保障、制度保障都在朝着良好有序的方向发展,发展过程中虽然还存在着各种各样的问题,但是总体上为新时代大学生的成长提供了一个安全稳定和发展的环境,所以他们的目光更多地关注着发展,而很少犹疑不决;更多关注自我价值的实现,而很少顾及世俗牵绊;更多要求权利和保障,而很少有后顾之忧。在理想信念的建立方面,由于成长环境的影响,他们更多是对中国特色社会主义道路的认同和追随,从内心来讲,中国特色社会主义的良好发展已经成为他们生命中一件很自然的事情,他们因此把更多的精力投注到个人发展与自我价值实现上来。

(三) 中国特色社会主义的成就坚定了大学生的理想信念

坚定中国特色社会主义理想信念的意志必然是建立在理性认知和情

感认同基础上的，大学生生活在中国特色社会主义建设的现实中，时刻感受着中国特色社会主义建设所取得的成就，形成了积极的理性认知和情感认同。

1. 中国共产党的坚强领导是大学生树立坚定理想信念的情感基础

在感性认知的基础上，形成人的理想信念，特别是社会政治理想信念，还需要更深刻的理性认知和情感基础。自中国共产党成立近一个世纪以来，始终坚定地和中国人民站在一起，带领中国人民走向独立自主，走向改革开放，走出了一条中国特色社会主义的道路。作为执政党，作为有九千多万党员的组织，中国共产党已经成为领导全国人民前进的坚强支柱，在现实生活中如此，在人民的心理上也是如此。不可否认，当前党内还存在着这样或那样的问题，也引起了很多民众的不满，但是党惩治腐败的决心大家有目共睹。对党内腐败的抱怨、对政策制定和执行过程中存在问题的诟病不代表对中国共产党的领导的否定，受益于改革开放和市场经济的大学生对党的领导不仅是坚决拥护的，从某种程度上讲，也存在着一定的依赖心理。1992 年召开的党的十四大做出了三项具有深远意义的决策：抓住机遇，加快发展的决策和战略部署；确立社会主义市场经济体制的改革目标；确立了邓小平建设有中国特色的社会主义理论在全党的指导地位。90 后的大学生体会不到面临复杂的改革开放和市场经济体制建设时抉择的艰难，也没有经历过中国到底向何处去的理论争论，他们出生和成长的时期也是中国特色社会主义道路、理论、制度逐渐成形的时期，与上几代人不同，他们直接成为制度的受益者，于是对于社会主义、中国共产党天然存在一种依赖心理，这种依赖心理成为大学生建立中国特色社会主义理想信念的情感基础。

2. 不断成熟的中国特色社会主义理论是当代大学生理想信念的支柱

人不同于动物，人有意识地存在着。大学生对于社会政治理想信念的建立和稳固并不能完全建立在感性的认知上。随着中国特色社会主义建设的发展，建立的中国特色社会主义理论日益完善。中国特色社会主义理论体系，就是包括邓小平理论、"三个代表"重要思想、科学发展观、习近平新时代中国特色社会主义思想在内的科学理论体系。中国特色社会主义理论体系，回应了人民心中关于什么是社会主义、怎样建设社会主义，建设什么样的党、怎样建设党，实现什么样的发展、怎样发展，新时代坚持和发展什么样的中国特色社会主义、怎样坚持和发展中国特色社会主义等困惑。人作为有意识的存在，对于社会现实的发展不仅有自己的判断，而且对社会的发展之路的内在要求有一定的预见性，在改革开放之初，改革开放的宏伟蓝图还只是一个大致设想，"摸着石头过河"成为改革初期的指导思想，这是中国在探索自我发展道路之初的宣言，也是鼓励整个民族的口号和宣言，它鼓励着中华民族在改革开放的道路上积极探索、勇于尝试，同时，在探索中，人们对未来的道路没有基本的预见的时候也会茫然，这是由个人到整个民族集体反映出来的社会心理状态。

新时代大学生主体已经是00后，自他们出生以来所面对的社会现实就是不断向好的改革开放和中国特色社会主义建设的成果，并且，随着他们的成长，中国特色社会主义理论也越发成熟，他们既没有从社会心理上感染因为对社会发展道路的不清晰而产生的迷茫，也没有经历发展市场经济与所谓资本主义私有化的辩论，他们面对的是不断趋于成熟的中国特色社会主义理论，在他们的成长过程中，在他们的心理中对中国特色社会主义道路基本不存在怀疑，更多的甚至是依赖，他们的目光不放在怀疑中国特色社会主义理论上，而是放在如何使这一理论或是道路更加完善，或者在这一理论之下如何能够争取到更多的人民民主的权利方面。可以说，在他们的思想意识中，中国特色社会主义理论不仅成为当代大学生理想信念的支柱，而且在某种程度上已经成为一种自然而然的心理状态。

3. 不断完善的社会主义民主政治建设得到大学生的衷心拥护

如前所述，随着中国特色社会主义道路的成熟而成长起来的大学生，他们的生活条件相对宽裕，自我实现的权利基本得到了保障，因此在社会政治理想方面，他们对中国特色社会主义制度的支持更多的是自然而然的，由于对民主权利和自我实现空间的更大渴望，他们的着眼点更多地落在了社会主义民主政治建设的方面。

"文化大革命"结束以后，邓小平同志指出，要避免"文化大革命"悲剧发生，"必须使民主制度化、法律化，使这种制度和法律不因领导人的改变而改变，不因领导人的看法和注意力的改变而改变。"[①] 在党的十一届三中全会以后，社会主义民主政治建设正式拉开帷幕。社会主义民主政治建设的推进与党和国家领导人有意识的推动密不可分，党和国家领导人认识到在社会主义建设过程中存在的不符合社会主义民主政治的内容并积极推动加以改进成为民主政治建设的一大动力；另一大动力是随着我国经济体制改革的推进和市场经济体制的建立，政治制度中的弊端成为改革的阻碍，改革开放的深入进行必然要求进行民主政治建设。在中国共产党的领导下，我国的民主政治建设和政治体制改革都在稳步推进。党的十五大提出建设社会主义法治国家的治国方略，并把政治体制改革的核心内容定位为改革和完善党的领导体制和执政方式。党的十六大提出，"必须在坚持四项基本原则的前提下，继续积极稳妥地推进政治体制改革，扩大社会主义民主，健全社会主义法制，建设社

---

① 邓小平：《邓小平文选》（第2卷），北京：人民出版社1994年版，第146页。

主义法治国家"①。党的十七大提出，坚定不移地发展社会主义民主政治。党的十八大制定了坚持走中国特色社会主义政治发展道路和推进政治体制改革前进方向。"为贯彻十八大精神，党中央召开七次全会，分别就政府机构改革和职能转变、全面深化改革、全面推进依法治国、制定'十三五'规划、全面从严治党等重大问题作出决定和部署。"②同时在党的十九大报告中提出"要长期坚持、不断发展我国社会主义民主政治，积极稳妥推进政治体制改革，推进社会主义民主政治制度化、规范化、程序化，保证人民依法通过各种途径和形式管理国家事务，管理经济文化事业，管理社会事务，巩固和发展生动活泼、安定团结的政治局面。"③ 2019 年 11 月，党的十九届四中全会审议通过了《中共中央关于坚持和完善中国特色社会主义制度、推进国家治理体系和治理能力现代化若干重大问题的决定》极大地增强了人民群众的制度自信，也对我国政治制度建设鼓足了干劲。

大学生在日常学习生活中看到了社会主义民主政治建设的不断完善，看到了党和政府在保持国家安全稳定的前提下不懈推进民主政治建设的努力，使他们对国家民主政治制度的发展充满信心，满足了他们对于更多民主权利的渴望，得到他们的衷心拥护。

（四）"五位一体"总体布局和"四个全面"增强了大学生对党和政府的信心

党的十八大报告指出，"建设中国特色社会主义，总依据是社会主

---

① 中共中央文献研究室：《十六大以来重要文献选编（上）》，北京：中央文献出版社 2011 年版，第 24 页。
② 习近平：《决胜全面建成小康社会 夺取新时代中国特色社会主义伟大伟大胜利——在中国共产党第十九次全国代表大会上的报告》，北京：人民出版社 2017 年版，第 2 页。
③ 习近平：《决胜全面建成小康社会 夺取新时代中国特色社会主义伟大伟大胜利——在中国共产党第十九次全国代表大会上的报告》，北京：人民出版社 2017 年版，第 36 页。

义初级阶段,总布局是五位一体,总任务是实现社会主义现代化和中华民族伟大复兴。"①"五大建设"是建设中国特色社会主义的总布局。全面建成小康社会、全面深化改革、全面依法治国、全面从严治党,是以习近平同志为核心的党中央治国理政的总体框架和战略布局,是当前我国社会主义事业建设的关键环节和重点领域。

1. "五位一体"有利于大学生个人理想与社会理想的对接

"五位一体"对大学生构想中国特色社会主义的建设和发展提供了蓝图,有利于大学生个人理想与社会理想的对接。

"五位一体"描绘了中国特色社会主义建设蓝图。"五位一体"的总体布局,也可以称为"五位一体",为我国全面建设小康社会、加速实现社会主义现代化,设计了实现路线、树立了前进目标,为中华儿女的百年梦想的实现提供了现实的支撑。

对大学生来讲,中国特色社会主义道路对他们的理想信念形成强有力的支撑,而"五位一体"的社会蓝图则为他们理想信念的实现勾勒了具体的实现路径。在社会政治理想方面,共产主义作为远大理想因为还远远没有实现,对共产主义的认识往往以马克思描述的特征为准,大学生从目前的社会现实出发难以有具体的感性的认识,中国特色社会主义理想作为现阶段的共同理想是向共产主义迈进的最低纲领。在实现中国特色社会主义建设的进程中,"五位一体"的论述为实现我们的最低纲领勾勒了实现途径,使得大学生能够清楚地认知前进的道路和方向,也使得最低纲领能够与最高纲领实现衔接,大学生从马克思对共产主义特征的描述中概括共产主义的特征,从"五位一体"的具体内容中可以清楚地看出中国特色社会主义的建设蓝图与共产主义的内在一致性。正是

---

① 本书编写组:《中国共产党第十八次全国代表大会文件汇编》,北京:人民出版社2012年版,第12页。

通过"五位一体",中国特色社会主义的最低纲领得以实现,也正是通过"五大建设",党带领中国人民向共产主义迈进。通过"五位一体"在大学生心中清晰地描绘中国特色社会主义的实现路径和伟大蓝图,有利于大学生感知中国特色社会主义和共产主义理想。

"五位一体"总体布局坚定了大学生的社会理想。"五位一体"关系人民福祉,将人民的利益放在第一位,以为人民谋幸福为出发点,具体规划了我国在经济发展、民主政治、先进文化、和谐社会、生态文明建设方面的蓝图,能够获得大学生的内心认同。

在当今社会发展的形势下,将生态文明建设与经济、政治、文化、社会建设并列纳入"五位一体"是我国经济社会发展的需要,更是保障人民福祉的必然选择,也是中国共产党在综合国际、国内发展形势的基础上高屋建瓴的战略选择。生活在中国的社会现实中,大学生正是成长于我国经济社会快速发展的时期,经济方面的发展成绩为大学生的成长和发展提供了物质基础,他们在感知经济发展的同时也对生态发展提出了需求,某种程度上他们因为很少经历物质匮乏,对生态环境更加敏感,也提出了更高要求,生态文明建设的提出,无疑得到他们的衷心拥护。"五位一体"中,对社会主义民主政治的建设也鼓舞大学生建设中国特色社会主义的信心和斗志。如前所述,大学生更加重视民主和权利的实现与满足,社会主义民主政治的建设纲领,为落实和保障民主提供了支撑,受到大学生的瞩目和拥护。文化和社会建设关乎国人生活中的舒适度,大学生作为高知群体,同时处于对社会的不平反应最强烈的年龄阶段,对精神文明建设,比如优秀传统文化、哲学社会科学等有利于社会和谐、有利于精神家园的建设自然有着内在的渴求。"五位一体"中的经济建设因为关系着大学生的未来的职业发展,虽然不是当前大学生最在意的,也直接关系着他们的长远利益,特别是以科学发展为主题、加快转变经济发展方式为主线,建设创新型国家有利于促进大学生努力学习,今后在经济建设中大展宏图。大学生对这"五位一体"的规划在内心认可的同时坚定了他们对共同的未来社会发展目标的追求。

"五位一体"有利于大学生在社会发展中自我定位。大学生对"五位一体"的认同是他们将个人理想与社会理想相衔接的基础。因为内心感情上的接受,大学生会自觉将个人理想的实现融入"五位一体"的宏伟蓝图中,将个人价值的实现与社会价值的实现相统一。而"五位一体"的明确和提出,使得大学生对未来社会发展各方面有了一个总体的认识,对于未来社会发展需要的人才类型同样有了一个基本的定位,这就有利于大学生在个人发展方向上自觉定位,与社会发展方向保持一致。这种方向性也对大学生的健康成长大有裨益。尤其在思想政治工作中,教育者积极主动引导大学生认识到社会发展的需要和未来社会发展的蓝图,引导他们认识到个人只有将自身的理想融入社会理想中才能最大程度地实现个人价值,帮助他们在社会发展的大潮中积极定位,这有助于消除大学生对未来的茫然,有助于他们的个人发展,有助于他们对社会政治理想的接受和认同。

2. "四个全面"指引大学生理想信念

"四个全面"是运用马克思主义观点、立场和方法,对我国国情的深刻把握,对社会发展规律深刻认识的具体化。"四个全面"的提出,对全国各族人民统一认识,凝聚共识,共同服务于中国特色社会主义建设的大局具有重要意义。

(1)"四个全面"对大学生理想信念具有引领作用

从总体上说,"四个全面",为当代大学生坚定中国特色社会主义理想信念的形成提供了强有力的支持。

全面建成小康社会使大学生坚定中国特色社会主义理想有了重要内涵。对于大学生来讲,全面建成小康社会是建设中国特色社会主义共同理想的阶段性目标。全面建成小康社会即体现了我们党把发展作为执政兴国第一要务的大局观，体现了以人为本、为民造福、让全体中国人民共享改革发展成果的执政观，体现了实现速度和结构、质量、效益相统一，经济发展与人口、资源、环境相协调的发展观，体现了我们为国家谋富强、为人民谋幸福的共产党人价值观。当代大学生坚定建设社会主义的理想信念，就包括要为实现全面建成小康社会的目标不懈努力。

全面深化改革使大学生对中国特色社会主义发展更有信心。对大学生来讲，全面深化改革可以解决他们实现理想所面对的社会问题。通过全面深化改革，结合我国处于社会主义初级阶段的基本国情，坚持社会主义正确方向，推动中国特色社会主义制度自我完善和发展，通过进一步发展社会生产力、增强社会活力，才能解决国内社会出现的各种问题，化解当前存在的复杂矛盾，才能够为中国特色社会主义事业开拓更加广阔的前景。大学生普遍对自我价值实现的期望比较高，全面深化改革能够破除各种体制机制障碍，使他们能够更好地发挥自身才智，实现自我价值。

全面推进依法治国使大学生对政府更有信心。依法治国有利于坚持和发展中国特色社会主义，尤其在全面建成小康社会进入攻坚阶段，改革也进入攻坚期，法制可以解决改革发展稳定等诸多矛盾，为走中国特色社会主义道路提供法治保障。依法治国还有利于加强和改善中国共产党的领导地位，有力地保证了人民民主制度的实施。依法治国有利于建立健全权力运行制约和监督体系，有利于深入开展党风廉政建设和反腐败斗争，促进社会公平正义，维护社会和谐稳定，从而形成风清气正的社会环境。对大学生来讲，全面依法治国对他们的社会主义共同理想信念形成强有力地支撑。大学生作为还没有步入社会的高知识群体，他们对未来的发展期望高，依法治国无疑对他们未来的发展提供了坚实的保障。

全面从严治党使大学生对党更有信心。党的十八大以来，以习近平同志为核心的党中央，对消极腐败和党风不正的情况更加重视，并下大力气进行整治，坚决惩治腐败；同时坚持开展党的群众路线教育实践活动和坚决反对"四风"，进一步密切了党和人民的关系，赢得了人民群众的信任和拥护。对于大学生来讲，全面从严治党和坚决惩治腐败得到了他们的衷心拥护。中央彻底惩治腐败的力度和决心也是大学生有目共睹的。对于强烈要求民主和对腐败现象更加痛恨的当代大学生而言，这些举措更得到了他们的衷心拥护，也更加增强了他们对中国共产党加强改善自身领导和中国特色社会主义道路的信心。

(2) "四个全面"增强了大学生的自信

"四个全面"是马克思主义与中国实际相结合的最新理论成果，探索和回答了"什么是民族复兴、怎样实现民族复兴"这样的基本问题，进一步推进了马克思主义中国化①。

"四个全面"战略布局增强了大学生的道路自信。"四个全面"集中体现和反映了中国特色社会主义道路的实质。"四个全面"立足于我国的基本国情，立足于中国面临的国际国内形势和任务，对接五大建设的总布局，抓住了中国特色社会主义建设中的战略方向、重点领域、主攻目标，以促进人的全面发展，实现共同富裕为价值取向，既坚持了科学社会主义的基本原则又紧密结合中国实际。

全面建成小康社会帮助大学生更加准确地把握中国特色社会主义道路的建设目标。习近平总书记用形象的语言描绘了全面建成小康社会的美好蓝图："更好的教育、更稳定的工作、更满意的收入、更可靠的社会保障、更高水平的医疗卫生服务、更舒适的居住条件、更优美的环境"②，自信来源于成绩，来源于目标的正确性。全面建成小康社会是实

---

① 喻新安：《"四个全面"战略布局的理论意义》，载《理论导报》，2015年第3期，第15—17页。

② 习近平：《习近平谈治国理政》（第1卷），北京：外文出版社2018年版，第4页。

现中华民族伟大复兴"中国梦"的阶段目标,为大学生描绘了中国特色社会主义的建设蓝图,使大学生能够直观认识小康社会,也就能更加清晰地认识"中国梦",同时,实现现代化特别是治理体系和治理能力的现代化,使中华民族沿着中国特色社会主义建设的道路与国际社会中的现代化国家比肩,无疑更加坚定了大学生的道路自信。

"四个全面"战略布局增强了大学生理论自信。"四个全面"对中国特色社会主义理论体系的丰富和发展有利于大学生进一步增强理论自信。中国特色社会主义道路,没有前人的经验可以借鉴。当前,在面对"经济总量领先下的人均落后,先富起来的共富挑战,资源环境约束下的转变压力,创新能力与发展需求脱节,国内外安全风险叠加交织,治理现代化目标任重道远……"①的复杂形势下,丰富和发展中国特色社会主义理论是现实需要,是中国人民的心理期待。"四个全面"战略思想有利于大学生明确前进路径,坚定前进方向,领会党执政兴国探索的艰辛,增强理论自信。

"四个全面"对历史唯物主义和辩证唯物主义的坚持和运用有利于大学生坚定对马克思主义的信仰。"四个全面"深刻体现了唯物史观的本质要求,牢牢把握了唯物辩证法的思想精髓,丰富拓展了马克思主义认识论的时代内涵。历史唯物主义和辩证唯物主义是马克思主义哲学的核心,是科学的世界观和方法论。"四个全面"典范地运用历史唯物主义和辩证唯物主义的哲学思想把握当前我国所处的特殊历史时期,解决建设道路上面临的时代任务。在大学生中开展"四个全面"教育,一方面能够使大学生辩证理解"四个全面"的相互关系,"四个全面"的历史意义;另一方面能够使大学生深刻领会历史唯物主义和辩证唯物主义的内涵精髓,有利于大学生更加坚定对马克思主义的信仰。

---

① 人民日报评论员:《协调推进"四个全面"是引领民族伟大复兴的重要战略布局》,载《党建》,2015年第3期,第10—11页。

"四个全面"的战略布局增强了大学生的制度自信。"四个全面"战略布局对中国特色社会主义制度体系的丰富和发展有利于增强大学生制度自信。中国社会的现代化转型、国际化条件下治理体系的现代化都需要不断完善社会主义制度。"四个全面"从理念上强调经济社会发展建设的重点，也必将随着不同领域建设实践的需要而丰富和发展社会主义制度体系。全面深化改革的最终目的是实现治理能力和治理体系的现代化，其中治理体系现代化本身就是社会主义制度对人民权益、人民幸福的制度承诺。不断丰富和完善的制度体系使人民的权利得到更多保障，使人民的发展获得更多的通道和空间，人民的获得感和幸福感成为增强制度自信的直接来源。

"四个全面"的战略布局凸显了社会主义制度的优势。社会主义制度的优越性在于其共同富裕的价值取向。全面建成小康社会的阶段目标就是要带领全国各民族、各地区，特别是贫困地区实现共同富裕，习近平总书记在多个场合多次强调，全面实现小康社会不能落下少数民族地区，不能落下老区人民，贫困人口是关注的重点，同时不仅是物质的丰富和发展，精神文明也要实现全面发展。这恰恰是资本主义制度所缺乏的，贫富两极分化是当代资本主义国家严重的社会问题。社会主义制度的优越性在于其能够集中力量办大事。现代资本主义制度往往陷入低效率旋涡，而民主集中制在民主的基础上能够保证有效的决策和高效的执行，"四个全面"战略布局本身正是以习近平同志为核心的党中央针对当前国际国内经济社会的现实提出的，其在国内的推行过程必然发挥相应的资源优势，取得相应的成果，体现社会主义制度的优越性。

"四个全面"有利于繁荣中国特色社会主义文化，从而增强文化自信。目前，我国的文化安全和意识形态安全受到严峻挑战，西方敌对势力对我国进行西化、分化。部分西方敌对势力鼓吹"中国崩溃论""中国威胁论"，宣扬其所谓的"普世价值"，实行"和平演变"政策，攻击中国的人权,诋毁社会主义核心价值观,支持"台独""藏独""疆独"等行为严重危害了我国的文化安全和主流意识形态安全。协调推进"四个全面",要求我们大力发展社会主义先进文化,维护我国文化安全和意识形态安全。协调推进"四个全面",深化文化体制改革,大力发展社会主义先进文化,是推动文化事业和文化产业互动发展,建设社会主义文化强国,提高国家文化软实力的关键,有利于提高抵御各种腐朽思想和文化侵蚀的能力,维护我国文化安全和意识形态安全,从而提升文化自觉、增强文化自信和实现文化自强。协调推进"四个全面",全面从严治党,把优秀传统文化、革命文化同党的建设结合起来,发挥党的优良传统和作风,比如弘扬红船精神、井冈山精神、长征精神和延安精神等,有利于提高党员干部拒腐防变和抵御风险的能力,提高党的先进性和纯洁性,不仅如此,还有利于加强党对文化建设的领导,发挥党对社会主义先进文化建设的引导作用,促进社会主义先进文化的发展。

(五)"两个一百年"的奋斗目标激发大学生斗志

中国共产党领导人民在建设中国特色社会主义过程中提出"两个百年"的奋斗目标。一是在中国共产党成立一百年时,全面建成小康社会;二是在新中国成立一百年时,建成富强民主文明和谐的社会主义现代化国家。党的十九大报告又对第二个百年目标进行了进一步的细化,将全面建成社会主义现代化国家的进程分为2020年到2035年、2035年到2050年两个阶段,并在奋斗目标中加上"美丽"二字,使国家未来的发展方向和发展路径更加明晰。实现"两个一百年"目标是国家的发展大计,也是全民共享发展的重大机遇,同时也为当代大学生理想信念教育提供了强大的精神动力。

"两个一百年"奋斗目标具有很强的激励功能。中国特色社会主义事业不只需要党和国家的努力,更在于每一位公民的身体力行。"两个一百年"奋斗目标营造了一种积极向上的社会环境和氛围,这股"撸起袖子加油干"的正能量对于大学生形成正确的世界观、人生观和价值观起到了积极的引导作用,有利于大学生大局意识的形成和强化。实现"两个一百年"奋斗目标必然是经济、政治、文化、社会、生态纵深发展的机遇期。将党和国家事业的"大目标"化为个人生活与发展的"小目标",使大学生能够从民族复兴的光明前景中明确自身的利益所在,体会到与国家共同进步的自豪与骄傲,从而在大学生群体中凝心聚力,形成一股强大的向心力,进而激励大学生为实现国家富强、民族振兴、人民幸福的中国梦贡献力量。

"两个一百年"奋斗目标为大学生的人生规划指明了努力方向。大学是学生接触社会的第一课堂,在这样的过渡时期,大学生往往对自身的发展缺乏理性思考和科学规划。"两个一百年"奋斗目标积极引导大学生将个人理想与社会共同理想相结合,把个人发展与国家战略规划相结合。"两个一百年"奋斗目标使大学生相信,在我国社会不断向前发展的进程中,每个人都可以通过自身的努力,得到发挥才能的机会,拥有施展魅力的舞台,都有实现自己梦想的可能。2014年5月4日,习近平总书记在北京大学考察时说:"现在在高校学习的大学生都是20岁左右,到2020年全面建成小康社会时,很多人还不到30岁;到本世纪中叶基本实现现代化时,很多人还不到60岁。也就是说,实现'两个一百年'奋斗目标,你们和千千万万青年将全过程参与。"① 习近平总书记鼓励广大青年人,"有信念、有梦想、有奋斗、有奉献的人生,才是有意义的人生。当代青年建功立业的舞台空前广阔、梦想成真的前景空前光明,希望大家努力在实现中国梦的伟大实践中创造自己的精彩人生"②。

---

① 习近平:《习近平谈治国理政》(第2卷),北京:外文出版社2018年版,第175页
② 习近平:《习近平谈治国理政》(第2卷),北京:外文出版社2018年版,第176页

二、国内经济社会现实对大学生理想信念的不利影响

国内社会现实在对大学生产生积极影响的同时,也有一些不良的社会现象在大学生理想信念的形成中产生不利影响,认真剖析这些不利于大学生理想信念的因素能够让我们在大学生思想政治工作中有的放矢,对引导大学生正确认识社会现实、树立坚定的中国特色社会主义理想信念具有积极意义。

(一)实现国家治理体系和治理能力现代化过程中还需完善的体制机制问题影响大学生的认知和感受

当前党和国家积极推进政治体制改革,发展和完善社会主义制度,推动实现国家治理体系和治理能力现代化,国家的举措的效果已经初步显现,对大学生实现中华民族伟大复兴的中国梦是极大的提振。但是与我们实现国家治理体系和治理能力现代化的目标相比较,在政治、经济、文化、社会和科技创新等方面仍有待进一步完善体制机制,以提升大学生对政府的信任程度。上述领域的不足对于大学生存在的主要影响包括以下方面。

首先,法治建设、权力监督、行政体制等具体领域的体制机制尚需进一步完善。

法治建设方面,全面依法治国在立法、司法、监督及我国公民的法律意识方面都有很大的提升。但是,目前中国特色社会主义法治体系的建设和完善还需时日。以宪法为核心的中国特色社会主义法律体系还需完善,同时,在不断完善宪法基础上的法律法规体系的同时,还需理顺不同法律法规之间的关系。法治监督体系还需要进一步严密化。我国法律对国家权力机关的制约机制还不完善,个别权力滥用和权力腐败现象

还在某种程度上存在,基层政府机关依法办事观念相较于国家治理体系和治理能力现代化的要求还有差距。在思想认识方面,我国公民法律意识相对淡薄,法律知识相对缺乏,对宪法的认识也不到位,还需不断提升公民的法治素养。

在行政体制改革方面,2018年2月,党的十九届三中全会审议通过《中共中央关于深化党和国家机构改革的决定》和《深化党和国家机构改革方案》,推动了行政体制的深刻变革。习近平总书记指出:"深化党和国家机构改革,是贯彻落实党的十九大决策部署的一个重要举措,是全面深化改革的一个重大动作,是推进国家治理体系和治理能力现代化的一次集中行动。完成组织架构重建,实现机构职能调整,只是解决了'面'上的问题,真正要发生'化学反应',还有大量工作要做。"①。机构改革的深度推进,还需不断明确机构职能定位,提高机构履职尽责能力,推进放、管、服结合。党的十八大以来,以供给侧结构性改革为主线,全面推进国有企业改革、土地制度改革、市场环境改革、政府管理体制改革、财税体制改革、金融体制改革、公共服务与社会管理体制改革及对外开放改革,并取得了显著的成果。同时,在看到成绩的同时,也要看到存在的困难和问题还有很多。比如,经济体制改革的核心问题是政府和市场的关系问题,我国市场经济的发展还存在着市场体系不够完善、市场竞争不够充分、市场规则不够统一、市场秩序不够规范等问题。在一些地方存在地方保护主义、部门保护主义现象,某种程度上还存在以不正当手段谋取经济利益的现象。

政治方面的相关制度是社会主义根本制度的具体体现,关乎每个人的生活,特别是关乎其对社会主义制度优越性的实际体验,新时代大学生在全球化的背景下成长,有更多机会接触不同的制度和文化,自然形

---

① 习近平:《习近平谈治国理政》(第3卷),北京:外文出版社2020年版,第106页

成相互比较。同时，处于青年时期的大学生更多带着批判的眼光看待这些不足，而往往容易忽略当前党和政府所做出的积极努力。

在文化方面，党的十八大以来，随着党和国家机构改革的推进，在文化体制改革方面，简政放权，转变文化行政部门的职能，使市场在资源配置中起决定性作用，同时更好发挥政府作用；不断建立健全和规范文化市场体系，为各类市场主体公平竞争创造了良好条件；同时不断深化文化和金融合作，文化企业蓬勃发展。同时，还需要进一步根据形势的发展需要转变政府文化管理职能，加大文化企事业单位产权体制改革，深化文化投资体制改革，推动文化产业发展，整合文化资源，创新经营方式，不断满足人民的精神文化需求。

科技体制机制影响着科技创新的发展。在科技体制改革方面，重在激发自主创新能力。在2018年的两院院士大会上，习近平总书记重申了他在2014年两院院士大会讲话中的原话："最紧迫的是要破除体制机制障碍，最大限度解放和激发科技作为第一生产力所蕴藏的巨大潜能。"我国科研投入不断增大，但是科研成果实际转化率仍低于发达国家，缺乏具有较强科技竞争力的国家科研机构；企业难成为科技创新主体；高端科研设备不开放、不共享，导致科研设备整体利用率较低；整个科研经费使用的绩效评价体系不完善。另外，还需破除金融、财税、人才、投资和知识产权等与科技发展、科技创新直接相关的机制障碍和问题。

文化和科技体制机制障碍关系着国家经济发展的层次水平和可持续发展能力，也是大学生重点关注的方面。大学生作为社会的高知群体，文化和科技体制机制直接关系着他们的未来发展路径；大学生对自我实现非常看重，文化和科技体制机制关系着他们的发展空间，影响着他们学习工作的积极性。

（二）部分消极腐败现象影响党在大学生心中的形象

党的十八大以来，以习近平同志为核心的党中央，坚持开展党的群众路线教育实践活动，坚决惩治腐败，对坚定民众信心、鼓舞民众士气都起了重要作用。党的十八大以来，以习近平同志为核心的党中央，对消极腐败和党风不正的情况更加重视，并下大力气进行整治，坚决惩治腐败。党的十八大以来的强力反腐得到了人民的衷心拥护，大学生也是有目共睹的，对于要求民主强烈的大学生而言，在他们衷心拥护党中央决定的同时，对中国共产党的领导和中国特色社会主义道路的信心也增强了。但是消极腐败现象还是在一定程度上影响着大学生。

在大学生的心中，中国共产党是中华民族的领路人，是他们心理上所依赖的对象，同时党内的很多英雄人物都是大学生所崇拜的。大学生对党的期望值较普通民众高，他们对消极腐败的情况容忍度更低，消极腐败的现象更容易影响党在大学生心目中的形象。

消极腐败现象是我们党在自身建设中一直非常警醒的，历代领导人在党的自身建设方面都反复论述过，但是消极腐败现象还是不同阶段不同程度地存在着。邓小平直言："不惩治腐败，特别是党内的高层的腐败，确实有失败的危险"[①]。党的十八大以来新的领导集体的反腐行为确实提振了全国人民反腐败斗争的决心，也极大地增强了人民对中国共产党和党的领导的信心，但是党内腐败和不正之风的存在还是在侵蚀着大学生的价值观。在我国的教育体制下，学校教育、家庭教育都对学生实行正面教育，而高等教育之前的学校教育相对比较封闭，大学生在大学期间接触社会现实较多，也正是在这个时候形成自己的独立判断能力，在日常生活中，他们通过自己在社会活动中的感受和所接受到的信息对党风和党内的消极腐败问题产生自己的认知。从大学生的年龄和阅历来看，与学校政治教育的灌输教育相比较，他们往往更加确信自身的判断和认知，由于党内确实存在的消极腐败和党风不正的现象，因此这种消

---

① 邓小平：《邓小平文选》（第 3 卷），北京：人民出版社 1993 年版，第 313 页。

极和负面的东西往往会对大学生已有的价值观形成侵蚀。同时从大学生的成长环境和过程来讲，他们对民主、权利和效率的追求更甚于年长者，他们对腐败、消极、党风不正的行为更加不能容忍，甚至在某种程度上，他们会认为这是一种落后、腐朽的表现。

从大学生的心理接受能力来看，消极腐败危害大学生对党的正确认知。消极腐败在一定范围内存在是一定历史时期内的客观必然，历届党和国家领导人虽然积极进行治理，也取得了一定的效果，但是正确认知这种客观存在需要有对国情、党情的深入了解，需要能够正确区分各种信息，而从大学生的心理现状来看，他们中的有些人并不具备这种能力，因此从心理基础上来讲，往往容易以偏概全，以自己在社会生活中接触的部分现实代替对整体的认知。

大学生在日常接触中所感知和认识到的党内消极腐败等现象，在他们的内心中会逐渐发酵，发生种种裂变，可能会在感情上产生对党的疏离。

消极腐败可能导致有的大学生入党动机不纯。个别大学生入党动机功利化，为了在政府机关、企事业单位找工作而希望获得所谓"党票"；有的认为中国共产党是执政党，不管今后有没有用，先加入了再说；还有一部分人，对于是否入党一直持观望态度，用得着就入，用不着就不入；也有一部分人，积极申请入党，在入党之后又因为感到党员身份没有什么用处，就对自己的党组织关系置之不理；有的大学生的入党动机表现为虚假化。为了掩盖入党动机的功利化，有的大学生在谈到入党动机时往往是按照所谓"标准答案"进行表述，但凡涉及正式场合、涉及入党前的谈话他们都会滔滔不绝、夸夸其谈。

中国共产党是中国特色社会主义事业的领导核心，党内腐败、党风不正在一定程度上存在，这影响着大学生对党的认知，影响着大学生对中国特色社会主义事业的信心，从大学生的年龄和阅历来看，与学校政治教育的灌输教育相比较，他们往往更加确信自身的判断和认知，消极腐败和党风不正现象，往往会对大学生已有的价值观形成侵蚀。同时从大学生的成长环境和过程来讲，他们对民主、权利和效率的追求更甚于年长者，他们对腐败、消极、党风不正行为更加不能容忍，甚至在某种程度上，他们会认为这是一种落后、腐朽的表现。从中央的强力反腐中，大学生感受到了中央从严管党治党的决心、魄力和能力，对党领导中国特色社会主义事业发展的信心增强了。

（三）社会矛盾多发影响大学生对社会主义道路的情感

社会矛盾多发是当前社会发展阶段不可回避的现实。在当前，中国面临着传统社会向现代社会的转型、计划经济向市场经济的转型，同时工业化、信息化、城镇化、农业现代化相互交织在一起，我们所面临的任务空前艰巨，在剧烈的转型过程中，必然会出现各种各样的情况问题甚至是断裂，在中国这样一个人口大国，人口素质和地区差异都比较大，统一完成这样繁重的任务，造成了利益格局的深刻变化，在当前阶段也因为每个人对个人的权利和利益维护更加看重，或者说在中国的当前发展阶段，个人对民主、权利、利益的诉求不仅逐渐加大而且越来越多，对党和政府在社会转型过程中所提供的服务提出了更多需求，也即要求政府进行相应的转型，而在转型时期，需求的改变和大量提出就相应地要求政府转变职能，政府职能在社会转型过程中也应该相应地转变，政府职能从最初的全能型到经济管理型再到目前提供公共服务型，这种转变不是短时期内能完成的，而民众对政府的期待过高也成为社会矛盾多发的原因之一。

由于利益诉求的变化和加强，当前的社会矛盾有很多的具体表现，这一定程度上对大学生的心理造成了冲击。比如，当前社会发展阶段，我国仍然存在城乡区域发展差距和居民收入分配差距，这使得身处其中的大学生会感到个人的无能为力，在一定程度上动摇他们自我奋斗的决心。在我国，地区发展差异是客观存在的，地区发展差异对大学生就业地区的选择造成了影响。一是由于地区发展差异的存在，发达地区或城市在各方面的发展都比较完善，如，经济发达、就业机会比较多、教育医疗的配套设施比较完善、政策制度的执行相对透明等，在这些方面的发展为大学生的就业和未来发展提供了一个很好的平台，而欠发达地区和落后地区则没有这样的优势；二是当前大学中各种专业的设置是与经济社会的发展紧密相关的，在经济发展相对落后的地区，有的专业、行业还没有发展起来，有的专业甚至没有，大学生在选择就业地点的时候必须要考虑的因素就包括地区行业的发展及其发展前景。除此之外，还有两类大学生也选择留在大城市，一是盲目跟风，虚荣心作祟，认为留在大城市才与大学毕业生的身份相称，于是不考虑职业的选择和发展而盲目的留在大城市从事一些与自身专业技能不匹配的工作；二是一些大学生本身属于家庭经济困难的行列，又因为家处农村或小县城，家里不能在就业方面对他们提供帮助，他们只能在机会较多的城市自己寻求机会，而家里的微薄收入使他们不得不对大城市相对较高的工资比较看重。大学毕业生选择了大城市就业，也就选择了高效率、快节奏、高收入和高消费的生活，在这样的生活环境中，有的大学毕业生能够把握机遇，促进自身职业素养的发展，但是有的大学毕业生，特别是盲目留在大城市的大学毕业生，并不能找到与自身专业对口的工作。

　　党和国家为全面建成小康社会的百年奋斗目标而努力，并逐渐缩小贫富差距，我们正在迈向共同富裕。但是收入分配体制改革仍需推进，个别区域和行业不同造成收入分配差距仍然存在，需要关注收入差距的拉大和资源分配不公的情况。

第五章 教育引导对大学生理想信念的影响

教育对大学生理想信念的影响主要有两个方面。一是高等教育的发展作为社会现实的一部分影响着大学生理想信念，特别是教育理念国际化直接影响着大学生的理想信念；二是学校教育和家庭教育作为对大学生理想信念的直接干预部分在发挥着作用。也就是说高等教育自身的发展作为社会现实的一部分影响着大学生对社会发展和党的领导的看法，高校理想信念教育和家庭教育直接干预着大学生理想信念的形成和巩固。

一、社会环境氛围对大学生理想信念的引导

大学生坚定的理性信念的形成，不仅在于高校课堂教育的培养，还受到整个社会环境氛围的熏陶。新时代，我们要加强社会环境氛围对大学生理想信念的引导，自觉抵制错误思想对大学生理想信念的侵蚀。

（一）"中国梦"对大学生产生了强大的号召力

"中国梦"高度凝练和概括了近代以来中华民族的奋斗目标，涵盖

了海内外所有中华儿女，是共产主义理想和中国特色社会主义共同理想在新时代的具体体现，对全体中华儿女都具有强大的凝聚力和号召力，在此社会氛围中生活的大学生也感受到了强大的号召。

1. "中国梦"坚定了大学生的理想信念

"中国梦"就是要实现国家富强、民族振兴、人民幸福，这是全国人民的梦想，可以说"中国梦"反映了中华民族的整体利益，也蕴含了包括每个大学生在内的每个中国人的梦想。"中国梦"的提出让当代大学生清楚了自己在国家和社会发展中的重要地位，让每个大学生明白了自己的梦想只有顺应了时代的发展，能够为祖国和人民做出自己的贡献才是有价值的。

当前，部分大学生之所以存在拜金主义、享乐主义等错误思想，就是因为他们对未来迷茫、缺乏坚定的理想信念，"中国梦"的提出就为当代大学生找到自己的定位提供了一个参考坐标，定位了一个奋斗目标，坚定了大学生的理想信念，只有我们每一个人都将个人梦想与社会理想结合起来，承担起实现国家富强、民族振兴的责任，在国家为我们搭建的大舞台上努力拼搏，才能为实现"中国梦"助力。

2. "中国梦"统率引领大学生的理想信念

中国的近代史是一部屈辱史，也是一部抗争史，正是有了被别人任意践踏的屈辱，才有了千千万万有志之士去为祖国强大、人民幸福而奋斗。中国共产党就是在这样的时代感召下发展起来的，为了实现共产主义远大理想，一个个共产党人甘愿牺牲自己的生命，这是坚定的理想信念的作用。

一个国家、一个民族的发展需要理想和信念，同样，一个人的成长成才也需要有坚定的理想和信念。中国梦把实现共产主义理想、中国特色社会主义共同理想和"两个一百年"的奋斗目标在新的时空背景下高度凝练,具体化、形象化。大学生在这一具体形象的目标定位下,能够良好地统合和确定自我发展目标在社会发展目标内的定位。

在当今的和平年代,因为生活环境的安逸,人们容易出现价值观失衡、精神空虚迷茫等现象,当代大学生也出现了这些状况。"中国梦"的提出,有效地净化了这种不良风气,让全国人民明白应该做什么、该怎么做,引领人们朝共同的目标迈进。作为全国人民的共同目标,"中国梦"也让当代大学生明白了,要明确自己的目标,坚定自己的理想信念,努力练就本领,提升自身综合素质,在"中国梦"的统帅引领下实现自己的社会价值。

3. "中国梦"为大学生实现理想信念提供舞台

习近平总书记在十九大报告中提到,我国正处于全面建成小康社会的决胜期,可以说我国大部分人民的生活已经达到了小康水平,所以,我们现在不仅仅应该追求物质生活的提高,而更多地应该追求精神境界的提高,对于受到高等教育的大学生而言,更应该有更高的精神追求,应渴望实现个人的远大理想。

个人理想的实现离不开社会环境的支持,"中国梦"包含了每个中华儿女的理想,它不仅鼓励大学生勇敢追逐自己的梦想,更为大学生实现理想提供舞台,给大学生们提供发展机会,满足他们对于人力、物力、财力的需要,包括大学生在内的每个中华儿女都能在"中国梦"这个大舞台上,充分利用社会资源,勇敢追梦。

(二)主流媒体的正面引导对大学生理想信念形成了正向统摄力

我国主流媒体包括:新华社、中国新闻社、人民日报、中央电视台等,它们在整合和引导新闻舆论方面具有重大的作用,对大学生树立坚定的理想信念形成正向统摄力。

在过去很长一段时间内，主流媒体一直是人们获取新闻信息的重要渠道，党和国家也高度重视主流媒体在新闻舆论方面发挥的重要作用。党的十八大以来，以习近平同志为核心的党中央高度重视主流媒体的新闻舆论工作，2016年2月习近平总书记到人民日报社、新华社、中央电视台等中央新闻单位进行实地调研，于2月19日在北京召开党的新闻舆论工作座谈会，习近平总书记在会上发表了重要讲话，他强调："党的新闻舆论工作是党的一项重要工作"，要"尊重新闻传播规律，创新方法手段，切实提高党的新闻舆论传播力、引导力、影响力、公信力。"[①] 学习领会习近平总书记在座谈会上的重要讲话精神，对于广大新闻工作者来说是一条基本原则，作为国家的主流媒体，就是要承担起传播党的政策和人民心声的责任，发挥传播正确价值观和理想信念的舆论引导作用。

以自媒体为代表的新媒体出现以后，主流媒体的话语权和影响力受到了一定的冲击。大学生作为新媒体的主要使用人群，很容易受到国内外错误思想的蛊惑，导致其信仰迷失、缺乏坚定的理想信念。所以说，新时代我们更应加强主流媒体的舆论引导力和影响力，特别是发挥主流媒体在大学生理想信念方面的教育和引导，使当代大学生树立坚定的理想信念，承担起新时代的历史使命。

主流媒体在宣传党和国家大政方针，弘扬主流价值观等方面发挥了不可替代的作用，主流媒体的专业理念、专业的操作方法及崇高的文化自觉精神，受到包括每个大学生在内的全体人民的认可和拥护。在某个引起社会争议的观点或事件上，人民群众还是更相信主流媒体的述评。

[①] 习近平：《习近平谈治国理政》（第2卷），北京：外文出版社2018年版，第331页。

当前，意识形态领域的斗争是威胁国家安全的重要因素，也对当代大学生树立坚定的理想信念起到阻碍作用。主流媒体的新闻舆论工作处于意识形态斗争的最前沿，正如习近平总书记说的，"党的新闻舆论工作是党的一项重要工作，是治国理政、定国安邦的大事"①。不管是在过去还是现在，主流媒体都始终坚持正确的政治方向，发挥自身在新闻舆论方面的影响力和引导力，始终坚持马克思主义的指导思想，大力宣传党和国家的各项方针政策，牢牢坚持正确、正面的新闻舆论导向，在包括大学生在内的全体人民的理想信念上形成正向统摄力，保证全体人民始终坚持在党的领导下，为实现共产主义、为实现中国特色社会主义、为实现中华民族的伟大复兴而努力奋斗。

（三）自媒体时代社会思潮传播对大学生理想信念形成一定的冲击

随着信息技术的发展，自媒体时代已经逐渐深入我们生活的方方面面，自媒体已成为社会舆论传播的重要阵地，微博、微信、论坛、贴吧、抖音、快手等网络社交平台使得人们获取信息的渠道越来越多，也使得新闻信息的传播获得了多样化的表达方式，在自媒体平台，所有用户都可以自由表达个人观点、发表言论、传播信息，也正是这种平民化、开放性的特点，使得群众有了更多发声的平台，也是个人言论自由的一种体现。

在传统媒体时代，新闻信息的传播形式比较单一，人们主要通过电视、报刊、书籍等获得信息，信息大都经过排查、过滤和筛选，人们接收的都是主流思想，影响社会稳定的信息很难进入人们的生活。但是在自媒体时代，由于自媒体与人民的日常生活联系越来越紧密，多样化、

---

① 习近平：《习近平谈治国理政》（第2卷），北京：外文出版社2018年版，第331页。

大批量的信息涌入人们生活的同时，也导致大量影响社会和谐稳定的不良信息通过自媒体迅速传播。由于自媒体的门槛低、易操作、开放性和匿名性等特点，很多心术不正的人利用自媒体传播错误思潮，通过自媒体的网状传播方式，使不良信息迅速蔓延、扩散，给社会稳定造成不良影响。大学生是最先接受自媒体的主要人群，对于好奇心强、思想活跃、缺乏社会经验、辨别是非能力较差的大学生来说，这些错误思潮在一定程度上对大学生的理想信念形成了一定的冲击，对他们形成稳定的理想信念起到了阻碍作用。

比如 20 世纪 80 年代传入我国的新自由主义思潮，公开为自由市场制度辩护，反对政府对经济活动的干预，20 世纪 90 年代"华盛顿共识"的出现使新自由主义的理论体系趋于完备。"华盛顿共识"是美国国际经济研究所针对拉丁美洲国家的经济危机提出的一套新自由主义政策，其实质就是妄图通过经济援助，侵占他国国有资产和经济主权，造成他国经济增长减速甚至停滞，更严重的是导致金融和经济危机频发。新自由主义思潮对我国主流意识形态造成一定冲击。新自由主义等西方思潮通过未加审核的自媒体不断冲击着大学生的思想，使得他们原本正确的思想开始变得模糊，导致某些大学生缺失坚定的理想信念，政治立场不明确。如果大学生长期接受这种不良信息的影响，必定会对他们的身心造成巨大的伤害，可能会使他们对社会产生偏见，对生活充满抱怨，崇尚西方价值观等，大学生还会通过自媒体等多种渠道传播这种错误思想，造成更广泛的恶劣影响。

综上所述，社会环境氛围也是大学生树立坚定理想信念的重要影响因素，因此，相关各方应齐心协力引导大学生自觉抵制错误思想对自身理想信念的侵蚀，主动接受主流、正确价值观和思想的引导，为中国特色社会主义国家做出应有的贡献。

二、我国高等教育发展对大学生理想信念的影响

高等教育作为社会现实的一部分，改革开放后，特别是 20 世纪 90 年代以来，我国高等教育迎来了大发展，同时随着全球化的发展，教育理念逐渐国际化，高等教育的发展惠及当代大学生，也为中国特色社会主义事业培养了建设者和接班人。

（一）高等教育大发展惠及新时代青年

大学生是高等教育大发展的直接受益者，是国家积极就业政策的获利者，他们对教育事业的发展相对满意。

1. 新时代大学生是高等教育大发展的受益者

首先，从在校生从数量上看，大学生是高等教育大发展的受益者。据教育部统计，截至 2020 年 6 月，全国共有普通高等学校 2688 所（含独立学院 257 所）[1]，普通本专科院校在校生人数达 30315262 人[2]。高等教育的在规模和速度上的大发展大大增加了适龄青年接受高等教育的机会。1978 年，中国的高等教育毛入学率只有 1.55%，2019 年中国高等教育毛入学率达到 51.6%。另外，全国统一高考为青年学子提供了公平的入学机会，"阳光高考"的实施保证了高等教育招生的公平，针对贫困生和贫困地区的招生倾斜有利于农村地区的考生。

---

[1] 中华人民共和国教育部：《各级各类学历教育学生情况》，教育部门户网站，http://www.moe.gov.cn/s78/A03/moe_560/jytjsj_2019/qg/202006/t20200611_464804.html（访问时间：2020 年 10 月 10 日）。

[2] 中华人民共和国教育部：《各级各类学历教育学生情况》，教育部门户网站，http://www.moe.gov.cn/s78/A03/moe_560/jytjsj_2019/qg/202006/t20200611_464803.html（访问时间：2020 年 10 月 10 日）。

其次，高等教育在内涵和质量上的大发展为在校大学生提供了更好的教育服务。2000年以来，我国高等教育在质量和内涵上进行了诸多改革，特别是高校调整与合并、"211工程"建设、"985工程"建设、创建世界一流大学和重点共建高水平大学、高等学校后勤社会化改革、新世纪高等教育教学改革工程、高等学校本科专业设置审批制度改革、高职高专教育教学改革、建立国家大学生教学实习与社会实践基地、加强大学生文化素质教育等对于在校大学生的发展发挥了重要作用。

党的十八大以来，一批标志性、引领性改革举措的颁布和实施，让我国高等教育发展开启了新的时代。2014年9月，《国务院关于深化考试招生制度改革的实施意见》发布，开始了自1977年恢复高考以来力度最大的一轮高考改革。2014年5月，习近平总书记在北京大学考察时强调，"人生的扣子从一开始就要扣好"，"办好中国的世界一流大学，必须有中国特色"，"扎根中国大地办大学"……这些重要思想和论述为今后我国高等教育办学所遵循。2015年，国务院印发《统筹推进世界一流大学和一流学科建设总体方案》，方案鼓励高校根据实际情况推动高水平大学和学科差别化发展，为加快我国高校和学科发展，增强国际竞争力提供了条件。2017年，《统筹推进世界一流大学和一流学科建设实施办法（暂行）》发布。

2018年6月，教育部召开改革开放40年来首次全国高等学校本科教育工作会议，8月印发《关于加快建设高水平本科教育 全面提高人才培养能力的意见》，推出了"六卓越一拔尖"计划2.0版本。为推动我国基础研究发展，2018年8月教育部颁布《高等学校基础研究珠峰计划》，建设脑科学、量子信息等7个科学中心。

高等教育的繁荣发展越来越与经济社会发展紧密联结，大学生也成为教育改革、教育发展的受益者。

最后，高校不断完善国家资助体系，为家庭经济困难的大学生完成学业提供了保障。随着经济的发展，国家对高校发展的支持力度越来越大，助学体系也越来越完善，"不让一个孩子因为家庭贫困上不起大学"的目标已经基本实现。当前，国家各级各类资助金、助学贷款、奖学金及社会捐资助学等足以支撑一名家庭经济困难大学生完成学业。

从以上三个方面看，新时代大学生成长于我国高等教育大发展时期，是我国经济和教育发展的直接受益者。接受了高等教育的大学生，眼界更加宽阔，素质更高，可选择的发展路径更多。

2. 就业形势和就业政策是大学生利益的关切点

作为投入比较高的高等教育，很多的家庭和大学生个人不得不计算高等教育的投入产出比，青年学子努力学习希望考上好的大学，也希望通过好的大学这个平台找到一份好的工作从而改变自身和家庭的经济条件。因此，大学生关注就业形势就等同于关注自身利益。

然而，随着大学的扩招，在校大学生越来越多，2013 年普通高等学校本专科毕业生人数为 638 万，2019 年为 758.53 万。[1] 大学生数量的增长使得就业形势日益紧张，同时市场的发展和变化对大学生的能力素质也提出了不同的要求。新时代大学生与之前的大学生相比，面对的就业形势的变化主要有如下几点：一是大学生数量的上升使得在同样就业机会条件下竞争者增多，直观上加剧了就业竞争压力；二是随着我国教育的发展，人民文化素质普遍提高，高等教育毛入学率虽然在持续增长，但是家庭的教育投入也日益上升；三是市场和经济发展的不断变化对大学生的能力和素质提出直接的有针对性的要求，大学生就业不能像以前只顾学好自己的专业，不抬头关注市场需要，而大学教育在规模扩张阶

---

[1] 中华人民共和国教育部：《各级各类学历教育学生情况》，教育部门户网站，http://www.moe.gov.cn/s78/A03/moe_560/jytjsj_2019/qg/202006/t20200611_464803.html，http://www.moe.gov.cn/s78/A03/moe_560/jytjsj_2018/qg/201908/t20190812_394239.html?from=singlemessage&isappinstalled=0（访问时间：2020 年 10 月 10 日）

段还不能关注到每个个体的发展，这种个性化很强的就业工作只能通过个体积极主动地关注就业形势来完成，当前从就业总体形势上看，就业困难不是真正的劳动力剩余而是结构性问题，企业往往找不到适合自己岗位的人才，大学生也不能找到心满意足的工作。

在双向选择的大背景下，国家重视大学生就业并给予了大学生就业和创业支持政策。在每个高校配置相应的工作人员提高大学生就业竞争力，加强对大学生的就业指导，每年国家都根据大学毕业生和国家经济发展情况推出支持政策，如国企对应届毕业生的招收、鼓励西部就业政策、自主创业扶持政策等。

因此，就业对大学生理想信念主要有如下影响。第一，就业压力的增大使大学生对学业的关注优先级别相对较高。经济和社会发展对大学生就业提出了更多更细的要求，大学生因此在大学学习中被要求成为增长自身能力和素质的主体，大学生需要自己放出眼光去关注市场，去选择资源不断提高自身素质，这从市场的角度来讲，是一种促进适应市场经济条件的独立个体发展的途径，从学生个体寻求就业机会来讲无疑是增加了对他们的挑战。相对于树立社会政治理想，大学生更关注自己的学业。

第二，国家对应届大学生就业的支持政策使他们感受到党和政府的关心。国家根据经济发展现状对大学生的就业引导政策也使大学生认识到只有将个人价值实现与国家社会需要相连接才能够成就一番事业。

（二）教育国际化的影响

随着全球化的深入发展，各国交往和联系的紧密，教育的交流和联系也日益增多，教育必须面向世界。一方面，教育的国际化是经济全球化深入发展的表现和必然；另一方面，面临这种必然趋势，各国都在积极主动把握国际化机遇，在世界范围内优化教育资源配置，增强教育竞争力，在为本国培养更优秀的人才的同时，在世界范围内吸引留学生，拉动经济发展。因此，在内外因素的共同推动下，教育国际化发展迅速。教育的国际化发展对身在其中的大学生的理想信念造成直接影响。

1. 教育国际化进程对大学生坚定理想信念的积极影响

教育国际化带来了对大学生理想信念的冲击，也形成了一定的积极影响。

民族文化与教育优势为大学生对外交往填充自信。对外交往和交流必然涉及相互比较。中华民族具有悠久的历史、灿烂的文化，在文化交流之中，传统文化必然为大学生引以为豪。中国的高等教育虽然相较于西方发达国家的某些大学还有一定差距，但是在全球范围内看也占有一席之地。2020—2021 年 QS 世界大学排名中，共有 83 所中国高校上榜，比去年多 17 所。

中国内地高校中，清华大学全球排名第 15 位，相比去年的 16 位再进一步，是中国排名最高的学府，超过了宾夕法尼亚大学（第 16 位）和耶鲁大学（第 17 位），这主要归功于清华在学术声誉和研究影响力指标评分上的提高。[①] 这在大学生对外交往和交流中增强了其民族自豪感和自信心。

教育国际化为培养理想信念坚定的国际化人才提供了基础。《国家中长期教育改革和发展规划纲要（2010—2020 年）》明确提出，"适应国家经济社会对外开放的要求，培养大批具有国际视野、通晓国际规则、能够参与国际事务和国际竞争的国际化人才。"[②] 全球化进程中，特

[①]《2021 世界 QS 大学排名：中国大学创新高》，https://www.sohu.com/a/401347762_120212985。

[②] 唐盛昌：《我国高中引入国际课程应关注的几个问题》，载《教育发展研究》，2010 年第 30（22）期，第 12—19 页。

别是我国正处在全球化的上升阶段，需要大量的国际化人才，教育国际化为培养国家人才提供了机遇。

国际化进程中的对外交往和交流产生了不同政治制度和文化的相互比较，一方面造成了对大学生理想信念的冲击，另一方面也是大学生理想信念是否坚定的试金石。只有经过了直接深入地对不同文化和政治制度的接触比较，坚定选择了社会主义、共产主义理想信念的人才是具有坚定理想信念的人，这有利于我们寻找和培养具有坚定理想信念的国际化人才。

2. 教育国际化对大学生理想信念的冲击

在教育国际化进程中大学生理想信念面临着外来文化与政治制度的冲击，国际优势教育资源直接冲击大学生对社会政治理想的关注程度。

大学生在文化交融中直接感受和比较不同的政治制度。教育国际化在大学生的日常生活中直接造成了两种现象。一是身边的留学生越来越多，在外留学的同学也越来越多，教育条件越来越国际化，如双语教学，外籍教师上课，慕课在全世界范围内对优秀教学资源的整合，等等。二是出国留学已经成为现实选择，出国留学后必然面临不同文化的熏陶、不同政治制度的影响。总之，教育国际化的发展使得大学生越来越多地直接感受不同文化和政治制度，从而自然形成相互之间的比较。从过程上看，发达国家因其经济社会发展的领先，一般在文化输出方面占据着主动权。另外，在教育国际化进程中，有意识地意识形态渗透越来越难以防范。因而，在教育国际化的进程中，文化的交流与政治制度的自然比较，对大学生理想信念造成冲击。

对优质资源和教育质量的追求冲淡了大学生对社会政治理想的关注。在全世界范围内选择好的教育条件是每位大学生的追求。大学生接受高等教育一方面是因为对知识的追求、对科学的执着，另一方面也是本人和家庭的一种投资，因此，在教育国际化进程中大学生往往更加关注更优秀的教育资源和更好的教育质量，而不会关注其是否附加了社会政治影响，当二者发生冲突时，部分大学生会优先选择优秀的教育资源和教育质量。

总之，在教育国际化的进程中，大学生直接或间接受到外来文化和政治制度的影响，而世界范围内优质的教育资源和教育质量的吸引力往往使大学生暂时搁置了社会政治理想，两种影响叠加，对大学生理想信念形成一定冲击。

三、高校理想信念教育的现状与效果

我国大学实行党委领导下的校长负责制，这一制度从根本上保证了党对高校的领导，保证了党对高校意识形态领导权的掌握。在党强有力的领导下，总体上，大学生中国特色社会主义理想信念坚定，但是也存在少数大学生政治信仰迷茫的问题。特别是在当前社会深刻变革的环境下，只有适应形势发展的需要，不断提升教育引导的有效性，才能通过干预大学生的认知来培养他们坚定的理想信念。

（一）主要渠道及效果

党的十八大以来，理想信念教育在全社会持续开展，为高校开展马克思主义理论教育、理想信念教育营造了良好的社会环境。同时，党和国家对思想政治教育、思想政治理论课的高度重视极大地提升了学校教育的效果。

高校开展理想信念教育的主要渠道是第一课堂认知教育、第二课堂实践体验，还有党校直接开展理想信念教育、校园文化环境的熏陶等。在"三全"（全员、全过程、全方位）育人理念下，第一课堂、第二课堂育人合力不断显现。

1. 第一课堂是开展大学生理想信念教育的主阵地和主渠道

当前高校大学生思想政治理论教育主要通过开设的思想政治理论课程开展，包括：思想道德修养与法律基础、中国近现代史纲要、马克思主义基本原理、毛泽东思想和中国特色社会主义理论体系概论、"形势与政策"课、思想政治理论社会实践。这六门课程作为所有大学生的必修课对大学生进行系统的思想政治理论教育，对大学生理解和坚定中国特色社会主义理想具有重要意义。2019年3月18日习近平总书记在学校思想政治理论课教师座谈会上的讲话中指出，"思政课是落实立德树人根本任务的关键课程，思政课作用不可替代，思政课教师队伍责任重大。"

除思想政治理论课外，课程思政的建设正在打破长期以来思想政治教育与专业教育相互隔绝的"孤岛效应"，将立德树人贯彻到高校课堂教学全过程、全方位、全员之中。课程思政贯彻了思想政治教育大格局理念，有效发挥了专业课程中思想政治教育的元素，实现了所有课程在育人方面的同向同行。当前课程思政的建设极大地促进了第一课堂的育人效果，对思想政治理论课授课效果的提升也形成了合力。

高校哲学社会科学专业的繁荣发展及其所开设的公共课程体系也对大学生更好地理解和坚定中国特色社会主义理想信念，对大学生理想信念教育形成了良好的支撑，如世界历史、国际关系、中国历史、市场经济、社会管理、传统文化等方面的课程。马克思主义理论专业、思想政治教育专业的设置，使得该专业的大学生能够系统地研究学习马克思主义理论，同时学科专业的建设和发展有利于对全体大学生发挥辐射带动作用。

2. 第二课堂在大学生理想信念教育中发挥着重要作用

第二课堂作为大学生理论学习与实践的结合地，在大学生理想信念培养过程中发挥着深化认识、实践体验的积极作用。当前第二课堂开展大学生理想信念教育的直接方式主要有大学生理论社团、前沿问题或理论讲座、社会实践、形势教育等。从实质上看，大学生在校园中的生活即是间接接受思想教育的过程，"三全"育人正是要打造和实现这样的校园环境。

当前社会价值取向的多元化、社会形势的复杂化也使得课堂教学面对多样的现实具有一定的抽象性，因此第二课堂注重体验与实践就显得极为重要，是大学生接受教育形成闭环的关键。大学生在接受理论教育的同时，在校园生活、社会生活中通过生活体验、社会实践、调研得来的结果是自身认同的、主动接受的，这与理论教育部分相互衔接形成大学生思想政治教育的闭环。

3. 学校党校在培养和巩固大学生入党积极分子、党员的理想信念方面发挥着越来越重要的作用

学校党校作为培养马克思主义者的阵地，正在发挥着越来越大的作用。高校对党校建设高度重视，往往集合了一所甚至几所高校中理论水平较高的教师，很多还是党组织负责人，既有理论水平又有实践经验；在授课内容和导向上目标也非常明确，即帮助受教育者确立和坚定中国特色社会主义理想信念；在受众上，所有提交入党申请书的大学生即进入党的培养系统，进入党校教育的范围，目前党校开始的教育培训层次有入党积极分子教育、发展对象教育、预备党员教育、党员教育，各个层次的教育从课程设置到师资配备再到学习过程控制都经过了精心设计；从考核上看，各个层次的学习都要经过一定程序的检验和考核，有助于受教者对理论知识的掌握。从效果上看，在大学校园中党校能够系统地开展马克思主义理论教育，而且在入党前的谈话也可考察其思想入党的情况。这总体上是大学生入党前的一次相对系统的理论教育和思想考察。

4. 校园文化环境潜移默化地影响大学生

大学生生活在校园中，时刻感受到校园环境的影响。校园文化环境在陶冶大学生情操、养成良好积极的心态方面发挥着积极作用。当前各个高校都非常重视校园文化环境的建设。校园景观本身是一个静态的育人环境，对于培养学生高尚的情趣、良好的修养具有积极意义；育人环境的打造，能够实现育人环境的无缝对接；校园宣传工作从广播站、电视、报纸、新闻网、官方微博、微信公众号等方式发布正能量，实时进行思想教育引导。

（二）存在的主要问题

从整体上看，高校理想信念教育的效果是突出的，但是还存在如下问题：

1. 进行辩证唯物主义和历史唯物主义教育的力度还不够

辩证唯物主义和历史唯物主义是经过世界历史检验的科学的世界观和方法论。培养中国特色社会主义事业的建设者和接班人，最有效的方法无疑是培养大学生掌握马克思主义的世界观和方法论。只有运用辩证唯物主义和历史唯物主义的观点分析纷繁复杂的国际形势和社会发展的现实才能透过现象看到本质。掌握了辩证唯物主义的方法论对大学生科学看待社会现象、社会发展趋势，自觉抵御西方意识形态侵袭甚至沉渣泛起的封建迷信都具有根本作用。当前，马克思主义哲学原理作为思想政治理论课以第一课堂的形式一直在开展，但是作为公共基础课，对于非马克思主义专业的学生来说，通过课程的学习难以达到掌握和养成马克思主义世界观和方法论的目的。

2. 课堂教育存在与社会现实脱节的问题

当前我国的学校教育对大学生关注的社会热点难点问题不能及时回

应。大学生社会经验相对不足，高校教师也大多是从学校到学校，理论知识丰富而实践应用相对缺乏，课程因为要通过考试等方式进行考核，因此也存在重理论知识学习、轻思想问题解决的情况，同时，受课程进度的影响，学校教育对大学生关注的社会热点难点问题不能及时回应。

3. 第二课堂需要加强教育引导的广度和深度

第二课堂在大学生思想认知、社会经验积累方面发挥着重要作用，当前在第二课堂的指导教师方面、活动设计方面、人文关怀方面、全员参与方面还要进一步提升，从而加强教育引导的广度和深度。指导教师方面，当前第二课堂的指导教师主要是学生辅导员队伍，要不断加强对学生辅导员的培训，提升理论素养，提高辅导员对学生的指导水平；活动设计方面，还存在粗放、完成任务的倾向；人文关怀方面，过去简单粗暴的教育方式必须放弃，新时代大学生个性较强，注重个人感受，采取尊重和人文关怀的方式有利于思想引导工作实际效果的提高；参与方面，当前第二课堂的活动，考虑学生的需要较少，对学生主动参加的吸引力不够，很多活动局限在某一部分积极参加活动的大学生上，形成一部分人"赶场"参加活动，另一部分人宅在宿舍的现象。

4. 全员育人氛围尚未完全形成

全员育人的关键是高校各个教育环节的工作人员要达成共识并为全员育人环境的营造积极努力，当前高校中各个部门还存在简单完成工作任务的倾向，全员育人意识需要提高。特别是各专业课教师在完成专业授课的同时对育人特别是培养大学生坚定的理想信念方面还需要进一步统一认识。

5. 利用高科技、借助新媒体手段开展教育的能力和方法还需拓展

当前传统的教育方式受到高科技和新媒体的挑战，大学生是高科技和新媒体的追捧者，当前高校在宣传方式和途径方面对传统媒体运用较

多,对新媒体的尝试缺乏主动权,主动占领新媒体的意识和能力还需要进一步提升。

四、家庭理想信念教育的现状与效果

家庭是学生成长最亲密的环境,父母是孩子的第一任老师,家庭直接影响学生的性格、习惯等,对大学生理想信念的形成和巩固也起到至关重要的作用。孩子从一出生就受到家庭环境对他的影响,即使是走入学校,家人仍然是学生最信任、关系最密切的人。家人对孩子的影响,最直接也最有效,如果家人对孩子的教育方法得当,将对他们形成正确的社会政治理想起到重要作用。

(一)影响方式及效果

家庭是社会生活的最小单元,是大学生情感的居所,最根本的爱恨情仇来源于家庭。家庭对大学生理想信念影响的方式主要有以下几种。首先,社会现实通过影响家人特别是大学生所在家庭的权威人物而影响着整个家庭对社会问题的看法,这些看法直接在大学生的青少年时期就开始发生影响并逐渐固定化。在大学生的入党申请书中可以看到不少这样的表述:我爷爷是一名老党员,从小就教育我……其次,家庭发生或遭遇的事件直接影响大学生对社会的看法和社会政治理想信念的树立。一个家庭如果在国家政策扶持下一步步富裕,家人健康,大学生对未来社会的发展肯定充满了信心,如果因为社会变革家道中落,甚至遭受不公正待遇,就难以使他相信社会的美好。再次,家庭教养方式的不同形成的大学生不同的行为习惯和性格特征也对大学生理想信念的形成有一定的影响。如有的大学生只关注当下,不关心未来,有的大学生过于关注个人利益,有的大学生由于父母的严厉管教而性格懦弱,缺乏坚强的意志品质。最后，家庭对大学生理想信念的主要作用期在其成长时期，在大学阶段，随着大学生的日益独立，家庭对大学生社会政治理想信念的影响日益式微，学校、社会、朋友的影响作用越来越大。

从现状上来看，因为我国社会发展总体向好，中国特色社会主义道路日益成熟，家庭总是希望把孩子培养成为对社会有用的人，因此从总体上看家庭对大学生理想信念的影响是积极和正向的。但是在当前阶段也存在一些问题。

（二）存在的主要问题

当前家庭在大学生理想信念教育方面的主要问题与社会发展阶段的主要矛盾、社会生活中存在的主要问题有关。

1. 从家庭和个人利益出发与社会主流倡导唱反调

我们的主流价值观是集体主义，讲究奉献，我们倡导将个人价值的实现与社会价值的实现相统一，我们倡导坚定共产主义理想信念，为党的事业奉献和燃烧自己。但是受市场经济的影响，存在部分家庭从利益出发与社会主流唱反调的情况，造成主流教育失效。如有的家庭要孩子选择高薪酬工作，选择沿海城市，不要去艰苦地方"受罪"；在入党方面直接从功利角度出发，要孩子入党是因为要去政府或事业单位工作，要孩子不入党是因为还要出国等。

2. 家庭的溺爱使得大学生难以形成坚强的意志品质

随着经济的发展及计划生育工作的不断推进，有的家庭出现多个大人照顾一个孩子的情况，真是捧在手里怕掉了，含在嘴里怕化了。孩子的学习、生活及将来的发展从一出生就被安排好了。孩子只要做好每一阶段家里给下达的任务就可以了，遇到的问题家长也通通地给解决掉了，孩子根本就不用想什么目标、志向。长期的溺爱，扼杀了孩子的主体性，某种意义上讲孩子的生活是家长生活的一种延续，将来孩子的发展也就限定在了家长划定的范围之内。这样，孩子就失去了作为个体的能动性，也就没有了创新性可谈了。

3. 家庭教育管理过于严格，束缚了学生的个性发展

随着家长的文化水平的提高，慢慢地，家长的水平可以完全驾驭学生的整个成长、发展过程。家长们认为他们的成长经历是艰辛的，中间遇到了很多的困难，不想让孩子再经历这样的过程，于是为孩子划定了严格的成长轨迹，不允许孩子有一点的偏差。然而这种说教式的管理方式，一方面不能保证其正确性，另一方面导致学生没有独立思考，更没有实践体验的环节，最终必将束缚了学生的发展。个性不能良好的形成和发展就阻碍了大学生独立性的形成，从而阻碍了他们认真、客观思考社会生活中的种种问题，也就阻碍了他们社会政治理想的树立。

4. 家庭疏于管理、缺乏关爱，影响学生心理和性格发展

在社会中还存在部分家庭对孩子关心、管理不够的现象。主要体现在城市中，部分双职工家庭父母过于忙碌，没有时间关心和照顾孩子，或者对他们的心理和思想没有认真关注，引导不够；在农村，部分家庭由于父母的知识水平较低，而无法对孩子存在的思想困惑进行引导，对他们的学习和专业的选择无从指导；另外，因为经济条件所限，越来越多的留守儿童的出现。留守儿童的父母在家庭中直接缺位，造成了对孩子成长过程中缺乏关爱和指导。这些家庭成长起来的大学生往往存在易随波逐流，或者感情淡漠、人际交往能力差等问题，社会政治理想不坚定，容易受他人影响，或者把经济利益放在第一位，对社会政治理想漠不关心。

第六章 坚定新时代大学生理想信念的对策

针对当前的社会发展形势中各种对大学生坚定中国特色社会主义理想信念的影响因素,结合大学生的思想实际进行有效引导才能帮助他们不断坚定信念,增强对不利影响因素的抵抗能力。本章主要探讨坚定新时代大学生理想信念的对策。

一、坚持马克思主义的指导地位

在价值取向多元、文化多样化的社会变革中必须坚持马克思主义的指导地位才能确保社会主义建设的正确方向,才能凝聚广大人民坚定中国特色社会主义理想信念。

(一) 加强马克思主义理论教育

当前,我国正在以积极的态度应对和参与经济全球化,一方面,我国国门开放的程度越来越高,另一方面,与走出去战略相适应,应深入及时对大学生开展理想信念教育。大学生作为未来中国特色社会主义事业建设者和接班人必须在全球化进程中坚定中国特色社会主义的共同理想信念。

加强对大学生的马克思主义理论教育才能提升主流意识形态的影响力。具体可以从以下几个方面入手。

结合大学生关注的社会热点和焦点问题，进一步丰富马克思主义理论教育的相关读物和教材，并形成体系。用马克思主义哲学的基本原理去解读大学生关注的社会热点和焦点问题，在吸引大学生关注的同时引导大学生掌握辩证唯物主义和历史唯物主义，学会用马克思主义哲学去解读世界、分析事件；用马克思政治经济学基本原理审视金融危机的爆发，解读资本主义的基本矛盾；用科学社会主义理论解读中国特色社会主义制度的本质属性。根据不同的群体，进一步丰富教材的层次体系，既要有普及型的，也要有专业型的，还要有经典著作解读型的，以根据受众的不同基础进行选择。

加强马克思主义理论与非主流意识形态的辨别能力教育。如前所述，在我国深度参与全球化的阶段，非主流意识形态的传播对主流意识形态形成了一定的冲击。在大学生的理想信念教育中我们不能回避矛盾，掩耳盗铃，必须正视非主流意识形态的影响，对其加以批判性分析，引导大学生认识到非主流意识形态的弊端，提升主流意识形态的影响力。开展马克思主义理论与非主流意识形态的辨别能力教育必须在主阵地和主课堂渠道进行，把握住教育的方向。

细化受众、拓展形式，提高马克思主义理论教育的实效性。根据专业的不同、对马克思主义理论掌握程度的不同进一步细化受众。在大学生中，因为专业的不同，掌握的知识也不相同，由此接受的马克思主义理论教育的深度也不同，因此在大学期间要通过教材和丰富的课外读物进一步加强对他们的教育和引导。人文社科类专业的学生，人文社科知识相对丰富，一般对马克思主义理论有一定的了解，对他们的教育要更深入，引导他们理解和掌握马克思主义理论的精髓，结合经济全球化的形势，使他们进一步坚定共产主义信仰。在不同专业中还要进一步根据大学生对马克思主义掌握程度的不同进行不同深度的教育，同时按照不同群体采取灵活多样的教育方式。牢牢把握住处于入党关口的大学生的马克思主义理论教育，继续深入开展"青年马克思主义者培养工程"，促进学生理论社团对马克思主义理论的学习。

引导新时代大学生认识坚持中国特色的社会主义道路历史必然性。当前我们坚持中国特色的社会主义道路，即体现科学社会主义的基本原则，同时也根据时代条件赋予了鲜明的中国特色。通过从中国近代历史教育，使得大学生认识到走中国特色社会主义道路的历史必然，以及今后必须坚定不移走这条道路、与时俱进拓展这条道路历史责任感。

引导大学生加强对马克思主义理论和中国特色社会主义理论的学习。首先，加强大学生对包括马克思主义经典著作的学习，使其成为认识和改造世界的强大思想武器。其次，加强中国特色社会主义科学理论的学习。加强提高政治思想理论课任课教师的授课水平和业务素质，把理论教育与社会现实结合起来，与大学生关注的社会热点问题结合起来，与大学生自身利益密切相关的问题结合起来，同时将课堂理论教育与参加社会实践结合起来，切实提高高校政治思想理论课的实效性。通过高校思想政治理论课程教育这一主渠道，使大学生掌握和领会马克思主义理论的精髓，深入认识和理解中国特色社会主义理论的内涵，同时为大学生理想信念的形成打下坚实的理论基础，增强他们对社会主义建设的理论自信。

（二）加强社会主义核心价值观教育

社会主义核心价值观教育对大学生理想信念教育起着重要的促进作用，二者有着内在一致的价值契合。

一个社会和一个国家必须依靠某种社会成员共同认同的价值观来维

系，社会主义核心价值观是民族、国家的精神支柱，对国家发展和社会稳定起着重要作用。社会主义核心价值观与全体社会成员生活息息相关，体现在人们日常生活中，建设社会主义核心价值观，就是要将社会主义核心价值观转化为全国人民的价值取向、愿望要求和自觉行为，进一步在全社会形成统一的指导思想、共同的理想信念、强大的精神支柱和基本的道德规范。新时代大学生理想信念教育实质上是"培养什么人、如何培养人"的问题。首先，加强大学生理想信念教育，与我国社会主义制度发展紧密相关，要教育引导大学生认同社会主义核心价值观，增强走中国特色社会主义道路的信心，进而确立起共产主义信仰。其次，加强大学生理想信念教育，应切实培养大学生爱党爱国的精神品格，帮助大学生确立健康向上的个人理想信念，并引导大学生将个人理想信念与国家社会理想信念统一起来，将个人价值实现与国家发展统一起来，既要强调共同理想，也要尊重大学生的个人理想差异，充分发挥大学生的自主能动性，鼓励大学生实现个人职业理想和家庭理想。新时代大学生应努力学习、立志成才，弘扬爱国主义精神，弘扬改革创新的时代精神，培养求真务实、大胆创新的品质，为今后个人事业的发展提供思想保证。同时应深入践行社会主义荣辱观，将中华民族的传统美德和时代精神结合起来，教育大学生切实做到以热爱祖国为荣，以危害祖国为耻，以服务人民为荣，以背离人民为耻，确立全心全意为社会主义祖国和人民服务的道德信念，同时切实做到以团结互助为荣、以损人利己为耻，以诚实守信为荣、以见利忘义为耻，树立集体主义精神和社会主义价值取向。因此，需要引导大学生树立明确的价值目标，实现有效的价值认同，进行正确的价值选择，帮助大学生把握科学的价值评价标准，把自身价值需要、价值创造和价值实现统一到中国特色社会主义建设上来。

加强大学生社会主义核心价值观教育必须与大学生的日常生活实际

相联系，促进大学生将理想信念内化于心、外化于行。

1. 以校园文化及大学精神传承为载体，推进社会主义核心价值观形象化、具体化

社会主义核心价值观内容丰富，覆盖面广，具有高度的概括性、指导性和抽象性。限于大学生的知识结构、认知能力的制约，如果方式不得当，那么，无论是对其进行理论阐释、逻辑论证还是思想引导、行为示范，都难达成理想的教育效果，教育的结果往往是，大学生对社会主义核心价值观的认识和接受限于粗浅、表面，流于形式，社会主义核心价值观难以真正内化为大学生自觉的思想认识和外化为积极的行为方式。高校推进社会主义核心价值观形象化、具体化，实际上就是"校园化"，高校校园文化和精神传承作为社会主义文化的重要组成部分，必须贯穿始终，体现社会主义核心价值观，与社会主义核心价值观具有内在的契合性。校园文化和精神传承是大学自身存在和发展的历史过程中形成的、由师生员工共同创造的、具有独特气质的精神文化成果的积淀，是大学精神风貌、价值传统、人文环境与育人功效的集中反映。与社会主义核心价值观的高度理性抽象相比，大学精神较为感性具体，且与大学生的日常生活、学习密切联系，如影相随，无处不在，最贴近大学生的思想实际和认知水平，是大学生的基本生活方式和思想依归，以校园文化和精神传承为载体能使大学生在认同校园文化的同时接受社会主义核心价值观。

2. 找准切入点，使社会主义核心价值观教育不失时机，不走弯路

好的教育方法需要好的"抓手"，对大学生进行社会主义核心价值观教育同样如此，教育成效的好坏关系到一代甚至几代大学生的成长成才，关系到国家的前途、民族的命运，因此不能乱选滥用，不能不管什么场合、什么事件，都拿社会主义核心价值观往上套，这样势必会弄巧

成拙，到头来使社会主义核心价值观成为一个空的口号。要使大学生认同和接受社会主义核心价值观，我们的切入点就是充分了解学生的思想现状和实际需要，知道他们在关注什么，迫切需要的是什么。对大学生进行社会主义核心价值观教育必须要贴近大学生的现实要求，将对学生的思想教育与解决学生的实际问题紧密地结合在一起，这样才能够真正使社会主义的核心价值观具有现实说服力，也更能够使大学生从内心接受社会主义核心价值体系所包含的基本价值。如当前在校大学生所面临的经济压力、学业压力、就业压力等问题，就是大学生所普遍关注的焦点，高校如何在力所能及的情况下为学生解决这些现实问题，以及其解决效果的好坏从一定程度上直接影响到大学生对社会主义核心价值观的认同和接受程度。此外，还可以结合高校实际，以重大节日、重要活动、主题纪念日为切入点，组织开展丰富多彩的文体活动，进而加强对社会主义核心价值观的宣传，以引导他们自觉践行社会主义核心价值观。

3. 唱响主旋律，加大社会主义核心价值观的正面宣传力度，使其成为当代大学生的主导意识

在对大学生进行价值观教育的过程中，既要肯定社会主义核心价值观主导的统领和主旋律地位，又要兼顾当今社会转型期价值观多样化的客观性，既尊重差异、包容多样价值观，又要有力抵制各种错误、腐朽思想和价值观念的影响。因此，新闻宣传、文艺活动、出版等方面要坚持弘扬主旋律，为培育大学生核心价值观营造良好的氛围，互联网要牢牢把握正确的价值导向，深入发掘传统文化的优秀资源和现代社会的先进资源，使校园内积极向上的因素始终占据主导地位，同时加强大学生的精神滋养和文化浸润，既要把校外专家"请进来"，也要充分发挥大学生自己身边可亲、可敬、可学的典型的示范作用。

（三）加强意识形态安全教育

当前形势下，必须加强大学生意识形态安全教育，使他们清醒认识意识形态斗争的严峻形势，同时根据大学生思想活动的独立性、选择性、多变性和差异性等特点，采用丰富生动的宣传方式，拓展网络等信息宣传手段，加强校园文化建设，构筑抵御西方意识形态渗透的人文环境。

引导大学生认识到意识形态斗争的长期性和必然性。分析讲解西方发达国家进行意识形态渗透的具体案例。如通过对以美国为首的西方发达国家推动中东北非等地区"颜色革命"、支持香港非法"占中"活动等具体案例的讲解，使大学生认识到在世界多极化发展过程中，因为社会性质不同，我国与西方国家之间面临不可避免的意识形态斗争。"敌对势力要搞乱一个社会、颠覆一个政权，往往总是先从意识形态领域打开突破口，先从搞乱人们的思想下手。"①

引导大学生识别西方敌对势力进行意识形态传播的方式。全球化进程中的意识形态斗争不仅具有长期性，还具有隐蔽性。教育引导大学生识别西方敌对势力进行意识形态传播的方式，促进大学生时刻保持警惕。当前西方敌对势力进行隐蔽的意识形态传播的方式主要有：通过国际合作的渠道设立基金会，名义上是加强科研技术合作，实则支持个别人或团体宣扬西方价值观甚至搞分裂活动；通过派遣专家学者访问的机会进行传教活动；利用接受我国专家学者和留学生到发达国家进行访问学习的机会，对这些专家学者和学生进行西方民主、自由和人权思想的熏陶；以影视文化为载体，向社会主义国家大众进行西方价值观的渗透；借助网络新媒体等传播手段，肆意歪曲事实，迷惑国人特别是大学

---

① 王永贵：《论全球化背景下我国主流意识形态建设的实践形式》，载《社会主义研究》，2007年第6期，第31页。

生的正确认知；等等。西方敌对势力试图通过这些手段改变这些国家的主流意识形态，通过和平演变的方式颠覆社会主义制度。

引导大学生对意识形态斗争时刻保持警惕。意识形态斗争，往往以思想文化传播为幌子，利用一切机会影响大学生思想认识。随着改革开放和我国市场经济体制的建立、政治体制改革的推进，一些西方国家宣扬和推行"普世价值"，其实质是美化和鼓吹西方的所谓"民主国家体系"和"自由体制"，从而影响着大学生对我国根本政治制度的认同；宣扬新自由主义，主张私有化、市场化、自由化，影响着大学生对我国公有制为主体的基本经济制度的认同；宣扬历史虚无主义、民族虚无主义，引诱大学生重视个人欲望和利益的满足，重视当前，削减大学生对民族国家利益的维护、对民族优秀传统文化的认同。因此，必须教育大学生时刻对意识形态之争保持警惕，对思想文化领域传播的思潮加以鉴别，批判地接收。

二、加强历史和国情教育

增强新时代大学生对国家和民族的认同感，就是要将历史和现实结合，尤其是要加强近现代史和党史的教育，通过丰富多彩、生动感人的形式，使得大学生通过对中国历史和发展中重大问题的认识，增强对国家和民族的认同感和归属感，向心力和凝聚力。

（一）加强近现代史和党史教育

近现代史和党史教育有助于大学生认清中华民族选择社会主义道路、选择中国共产党领导的历史必然，社会主义建设的来之不易，有助于他们继承和发扬党的历史上形成的红色精神，坚定中国特色社会主义共同理想。

1. 加强近现代史教育

近代中国落后并遭受外敌长期入侵，饱经沧桑，新中国的建立才使中华民族重新站立起来，改革开放使得中华民族走上复兴道路，我们国家每一步发展和进步都经过了长期而艰苦的奋斗，只有认知历史才能不断增强凝聚力和战斗力。

近现代史和党史教育的持续进行收到了良好的教育效果。在全球化日益深入的今天，思想文化相互激荡，各种社会思潮传播，对近现代史教育提出了新的更高的要求，不仅要持续加强还要根据历史材料的丰富、科技手段的进步丰富教育内容和改善教育方式。

在教育内容上，要将丰富完善的、最新的近现代史资料补充到大学生教材中来，以史实说话。当前大学生的认知特点是更加相信历史事实，对直接的结论有一定的抵触心理。应将历史学研究中近现代部分的最新进展包括解密的档案资料都及时补充到正规的教育途径中，不要给不良社会力量和渠道提供可乘之机。

在教育方式上，要与新时代大学生的生活方式和接收信息的模式接轨，创新教育的方式方法。利用好社会资源，组织大学生参观历史博物馆；将媒体制作的历史教育作品下载播放；组织大学生中对历史感兴趣的同学成立相关社团，共同探索和研究历史，在同学中宣讲历史知识；建立相关微信公众号或引导大学生关注社会反响好的微信公众号；丰富各种出版物，除教育教学的出版物之外，像人物传记、历史事件解读等都能使大学生从中学习和感知历史。

2. 加强党史教育特别是红色精神教育

加强对大学生的党史教育能够帮助大学生深入理解中国特色社会主义道路是历史和人民的选择，加强党史中的红色精神教育，有助于大学生养成坚强的意志品质。

(1) 加强党史教育

加强党史教育，能够帮助大学生了解党的奋斗历程，认清中国共产党的领导是历史的选择、社会发展的必然，引导学生深刻理解党在现阶段的路线、方针、政策，树立正确的社会政治理想。中国共产党领导中国革命和建设的历史是马克思主义理论不断与中国实际情况相结合的过程，因此，必须坚定走中国特色社会道路的信心；大学生要实现自己的抱负和人生价值，就必须投身到党的事业中去，而且只有懂得党的历史，才能更好地融入党的事业中去，也才能更好地为党和人民的事业做出更大的贡献。

通过讲授"党不断发展的历史及其在发展过程中的经验教训"，使大学生明确：中国共产党的领导地位和核心作用，是在中国革命、建设和改革的长期实践中形成的。中国走社会主义道路是历史的选择，中国共产党的领导是历史选择，紧密联系党八十多年来的奋斗历程，引导大学生充分认识党领导人民取得的丰功伟绩，能切实增强大学生对党的信任。

通过讲授"党的优良革命传统、作风，党的宗旨"使大学生明确：党的优良传统和作风是我们克敌制胜的法宝，是我党在任何恶劣的历史环境中能够生生不息的秘密所在，因此必须坚持"独立自主，自力更生，艰苦奋斗"为核心的革命传统和理论联系实际、密切联系群众、批评与自我批评的三大作风；只有坚持全心全意为人民服务的宗旨才能永葆党的先进性，才能有旺盛的生命力。

通过讲授"党的卓越领导人和先进人物的光辉事迹"使大学生明确：正是因为党内的革命先辈们不为名，不为利，不怕苦，不怕死，一心为革命，一心为人民的崇高品德，才有了我国社会主义革命和建设的不断成功；正是党的卓越领导人的在重大历史关头坚持党的组织纪律和组织原则、坚持把马克思主义理论和中国的具体实际相结合才有了今天的胜利。

通过讲授"党处理内外关系的历史"使大学生明确：我党的统一战线方针、团结一切可以团结的人是我党通过历史总结得出的宝贵经验，坚持这一方针对于我国社会主义革命和建设具有重要意义。

通过学习"党史著作和党的领导人的著名论断"使大学生明确：党的理论著作饱含了我党在革命和建设过程中的经验总结，是我党在今后社会主义建设过程中的宝贵财富。

（2）加强红色精神教育

红色精神是中国共产党带领中国人民探索社会主义道路的实践中所积累的宝贵精神财富。中国人民探索社会主义道路的实践形成了三种精神：革命精神、建设精神和改革精神，这三种精神是一脉相承的，不断丰富升华，既有共性，也有个性，都可以统称为红色精神。红色精神与加强大学生理想信念教育具有内在一致性，是加强当代大学生理想信念教育的宝贵资源。

在新民主主义革命实践中，形成了以五四精神、井冈山精神、长征精神、延安精神、西柏坡精神为代表的革命精神。

"爱国、进步、民主、科学"的"五四精神"。在五四运动中先进的青年知识分子带领广大人民群众掀起了一场彻底的反帝反封建的伟大爱国革命运动，它成为中国革命走向新民主主义革命的起点，促进了马克思主义在中国的传播，推动了中国共产党的成立。

"军民团结、艰苦奋斗"的"井冈山精神"。井冈山革命根据地的创建，是我们党领导人民群众开展中国革命斗争，开始农村包围城市的新起点，是中国革命精神的源头。井冈山精神集中体现了中国共产党人对共产主义远大理想的坚定执着追求，反映了中国共产党成立初期勇于将马克思主义和中国国情实际相结合，敢闯新路，开拓创新的伟大精神。

"不畏艰难，百折不挠"的"长征精神"。长征精神形成于极其艰难困苦的特殊革命年代，是革命英雄主义的集中体现。参加长征的红军战士，在强大的敌人和艰苦的自然环境中，表现的无比英勇和顽强，他们以超出常人的忍受能力和不怕牺牲、英勇无畏的精神，实现了最终的胜利。

"改变作风、提高素质"的"延安精神"。延安精神是中国共产党在延安整风运动和大生产过程中形成的。具体包括：自力更生、艰苦奋斗的创业精神，全心全意为人民服务的精神，理论联系实际、不断开拓创新的精神和实事求是的精神。正是在这个时期毛泽东同志完成了《实践论》《矛盾论》《论持久战》《新民主主义论》《论联合政府》等重要著作，使得毛泽东思想逐渐成熟和完善。

"谦虚谨慎、戒骄戒躁、开拓进取"的"西柏坡精神"。西柏坡精神是中国新民主主义革命走向全面胜利的关键时期产生的，是井冈山精神、长征精神和延安精神的丰富和发展。其本质特征是两个"敢于"（敢于斗争，敢于胜利）的革命进取精神，两个"务必"（务必保持谦虚、谨慎、不骄、不躁的作风，务必保持艰苦奋斗的作风）的继续创业精神。这两种精神成为夺取解放战争全面胜利，开启建设新中国伟大实践的强大动力。

在社会主义初期的建设实践中，形成了以北大荒精神、新疆兵团精神、两弹一星精神为代表的建设精神。

"艰苦奋斗、勇于开拓、顾全大局、无私奉献"的"北大荒精神"。中华人民共和国成立后，数十万中国人民解放军官兵，按照中央"屯垦戍边"的方针，继承和发扬解放军的光荣传统，开赴荒无人烟的北大荒，战胜了难以想象的艰难困苦，经过几十年艰苦创业和开发建设，将北大荒的亘古荒原变成中国规模最大、机械化程度最高的商品粮种植基地和农副产品加工出口基地。

"热爱祖国、无私奉献、艰苦创业、开拓进取"的"新疆兵团精神"。20世纪50年代初，驻新疆人民解放军大部分就地转业，执行屯垦成边任务，维护新疆社会稳定和长治久安。他们克服难以想象的困难，在天山南北、沙漠边缘，架桥修路、兴修水利、垦荒造田，先后治理了数十条河流，修建了百座水库，建成了一大批大规模的现代化国有农牧团场和军垦新城，奠定了新疆现代工业、农业的基础。新疆兵团建设者正是怀着"屯垦戍边育精神，把剑扶犁卫国安"的情怀，将新疆戈壁大漠改变成为棉山麦海。

"热爱祖国、无私奉献，自力更生、艰苦奋斗，大力协同、勇于攀登"的"两弹一星精神"。中华人民共和国成立后，面对严峻的国际形势，为抵制帝国主义的武力威胁和核讹诈，为了保卫国家安全、维护世界和平，老一辈科学家和科技人员用智慧、青春和热血，成功完成两弹一星的研制工作，促进了国防和科技事业的发展，极大地增强了中国人民的民族自信心。

在改革开放新时期实践中，形成了以特区精神、青藏铁路精神、抗震救灾精神和载人航天精神为代表的新时代精神。

"勇于变革、勇于创新"的"特区精神"。改革开放初期，深圳经济特区创造出举世惊叹的经济发展速度，形成了敢闯、敢冒、敢试、敢为天下先的改革精神，奋发有为、只争朝夕的创业精神，带动整个民族逐渐增强了开放意识、自立意识、竞争意识、效率意识、公平意识、契约意识、民主意识、法治意识等。

"挑战极限，争创一流"的"青藏铁路精神"。21世纪初，青藏铁路建设者为促进西藏经济发展和边疆稳定，在青藏高原的生命禁区，战胜严寒缺氧，多年冻土等恶劣自然环境，以坚强的意志和勇气，历经数载建成青藏铁路，成为中国社会主义现代建设中的又一伟大成就。

"自强不息、顽强拼搏，万众一心、同舟共济"的"抗震救灾精神"。在党的领导下，中国人民战胜一次次自然灾害带来的挑战，形成了九八抗洪精神、抗击"非典"精神、汶川抗震救灾精神。在救灾过程中，解放军指战员克服困难第一时间赶赴灾区，国内外的全体中华儿女纷纷慷慨解囊，受灾群众在灾后努力恢复生产，重建家园，这些都汇成战胜灾难的巨大精神力量。

"特别能吃苦，特别能战斗，特别能攻关，特别能奉献"的"载人航天精神"。载人航天精神是"两弹一星"精神的继承和发展。载人航天是规模宏大的系统工程，是当今高科技水平发展的具体体现，是综合国力发展的重要标志。在 21 世纪初，为继续发展我国的航天事业，几十万航天科技工作人员，发扬埋头苦干、艰苦创业的精神，瞄准航天科技前沿奋力攻关，成功完成多次神舟飞船发射升空任务，提振了中华民族实现伟大复兴的信心。

这些"红色精神"是当代大学生薪火相传、继往开来的巨大精神力量。

(3) 加强大学生红色精神教育的方式和途径

第一，将开展红色精神教育与新时代大学生的成长特点相结合。新时代大学生成长在比较完善和成熟的社会主义制度之下，成长在我国高等教育走向普及和科技信息化进程加速推进的过程之中，并生活在被尊重和呵护的社会环境下，他们普遍目标高远、头脑灵活、视野开阔、思想开放，对新技术和新事物的接受能力强，对自我价值实现有较高的期望。新时代大学生也面临着较强的学业竞争和就业压力，普遍存在更加注重实际物质利益，而忽视精神意志培养的倾向，部分学生理想信念淡薄、意志薄弱。加强大学生红色精神教育，必须根据大学生自身成长特点和现实需求，引导大学生将对个人理想追求和建设中国特色社会主义共同理想结合起来，把对个性自由的追求和塑造坚强的意志品格结合起来，把个人价值实现和为社会创造价值联系起来，把自我成长成才与服务祖国、服务人民联系起来。

第二，将开展红色精神教育与大学生关注的热点难点相结合。学校在开展红色精神教育中起到主导作用,应充分利用高校思想政治理论课,将其作为基础平台,让大学生加强马克思主义原理和建设中国特色社会主义理论的学习,开展针对大学生进行的中国革命、建设和改革开放的历史教育,使思想政治理论课成为培养大学生红色精神的主渠道。在高校思想政治理论课中,以及针对党员的党课(入党)知识教育中,应紧密结合大学生关心的理论难点、社会热点和成长烦恼等实际内容,将红色精神资源和社会现实内容有机结合起来,使他们能够正确面对社会主义事业发展中存在的问题和困难,引导学生将红色精神品格内化于心,为形成正确的世界观、人生观和价值观打下坚实的基础。

第三,探索红色精神教育的新方法、新途径和新载体。首先,应该不断探索红色精神教育的方法,摒弃传统的灌输方法,注重使用引导方法,尊重大学生的个性,将"以理服人"和"以情感人"结合起来。其次,应探索加大红色精神教育的新途径,增加情景式体验式教学内容,组织学生亲身体验校外社会实践活动,参观红色精神纪念博物馆,观看红色经典影视,实地考察井冈山、延安和西柏坡等红色革命老区,重走长征路等,将红色精神和现实生活结合,体会红色精神形成实践过程,增强大学生对国情的认识,提升对红色精神的践行能力。最后,应探索互联网络和移动互联网络等多种新载体,通过丰富多彩的形式宣传红色精神。建立红色精神资源网站、互动网络社区、微博、微信公众号等,通过多种媒体形式进行红色精神内涵的宣传,对红色精神的榜样人物及英雄事迹进行讲解,让新时代大学生更多地在潜移默化中接受红色精神的熏陶,满足他们精神生活的需要,促进他们对红色精神内涵的认识,促进他们对红色精神的产生原因和新时代的价值的深入思考,使他们自觉地选择践行红色精神,自觉地抵制社会不良价值观的影响。

第四,建立家庭、校园和社会等全方位的引导机制。构造良好的家庭环境、校园文化和社会环境,用红色精神洗涤人们心中的消极思想,构建大学生奋发向上的精神氛围。首先,重视家庭对家风、家规等的传承,将其与大学生的红色精神教育结合起来。家庭对大学生理想信念的形成具有重要的影响,同时良好的家风和家训等常常与红色精神内涵相联系,通过对好家风好家训进行宣传可以促进红色精神教育。其次,营造良好的校园文化环境。许多高校的校史、校训与红色精神有着密切的内在契合,可以将高校校训、校史等传统教育融入红色精神教育中。通过丰富的校园文化活动和社团活动,组织红色精神学习研究学会,与勤工助学实践、创新创业活动等结合,增强大学生对红色精神的认知和实践。最后,营造良好的社会舆论环境和树立良好的社会道德风尚。加强网络舆论监督和管理,抵制大量低俗、消极、有害的思想文化信息,维护积极健康的网络舆论环境。营造良好的社会舆论环境和倡导健康向上的社会风气,提升大学生的道德素养水平,引导他们追求崇高的精神生活,锻炼不屈不挠的意志,培养攻坚克难的品格,增强价值判断能力。总之,从家庭、校园和社会环境多个方面出发,大学生从个人体验、校园生活、社会环境等层面得到熏陶,使红色精神能够在新时代大学生中逐渐内化于心并外化于行。

(二) 加强国情教育

党和国家制定的制度、政策、措施都是基于一定的国情和社会发展的需要制定的,没有对国情的基本认知就不会理解党和国家制定的制度、政策和措施。

1. 通过国内形势教育增强新时代大学生对国家的认同感和凝聚力

当前我国国内总体形势是好的,但也面临一些问题。目前我国经济持续稳定增长,转型升级出现积极变化,经济发展进入新常态,各领域的改革不断推进,但是中国经济发展还面临着发展质量和效益还不够高、创新能力不够强、实体经济供求结构性失衡及新产业和新动能成长不够快等问题。同时,社会转型期带来的各种矛盾也有爆发的可能,会影响社会稳定。当前我国还面临严峻复杂的国际形势。大学生面对学业压力大、就业相对困难等实际问题,思想上容易产生困惑,尤其对一些社会问题容易产生不满。大学生群体是社会舆论产生和传播的重要环节,也是容易受社会不良舆论影响的群体。因此必须引导他们正确看待当前存在的社会问题,给予大学生人文关怀和心理疏导,使他们正确看待社会问题,培养他们自尊自信、理性平和的健康心态。

2. 引导大学生认清当前国家所处于的历史发展阶段,激发大学生的历史责任感和实现国家民族梦想的情怀

中华民族拥有五千年的悠久文明,但是近代以后遭受了外族入侵和内战的深重灾难,中国人民也经历了百折不挠的奋斗,终于在中国共产党的正确领导下赢得了民族独立,建立了新中国,确立了社会主义制度。改革开放以来党领导中华民族探索建立了中国特色社会主义制度,并不断取得经济社会发展的建设成就。可以说我们国家现在正处于历史上最好的发展时期。但是,当前我国仍处于社会主义初级阶段的基本国情没有变化,我们国家仍然是世界最大的发展中国家。从人均国民生产总值看,我国排名还相对靠后,区域发展仍不均衡,可持续发展问题突出,特别是科技创新能力不强。大学生应当始终牢记当前处于社会主义初级阶段这一基本国情,认清当前发展中的问题,意识到解决这些问题必须依靠中国共产党领导,必须坚定走中国特色社会主义道路,以发展作为解决问题的第一要务。

(三) 反对历史虚无主义

龚自珍说过:"欲知大道,必先为史","灭人之国,必先去其史"[①]

[①] 龚自珍:《龚自珍全集》(上),北京:中华书局1959年版,第22页。

对自身历史的认可是形成对国家和民族认同感的重要基础。历史虚无主义作为一种社会思潮，对一个国家和民族的危害极其严重，对青年人特别是大学生毒害至深。坚定大学生理想信念必须反对历史虚无主义。

1. 旗帜鲜明地反对历史虚无主义

高校必须旗帜鲜明地反对和打击历史虚无主义，高校不仅应该坚定地反对历史虚无主义，而且有力量，也有可能对历史虚无主义进行打击。

（1）反击历史虚无主义提出的具体观点

当前，历史虚无主义思潮主要表现为歪曲党的历史、歪曲中华人民共和国历史，否定中国共产党的领袖人物、否定中华民族选择社会主义道路的历史必然性，贬低人民群众在近现代史中的作用。高校在加强历史知识正面教育的同时，要积极关注历史虚无主义的思潮的动态，主动反击历史虚无主义提出的具体观点，对其歪曲历史事实的行为，及时据实反击。

（2）批判后现代主义史学思潮

我国历史虚无主义思潮的产生与西方后现代主义思潮的传播有直接关系，后现代主义史学认为，历史学研究不可能还原历史真相，历史是历史学家的说辞等。从历史唯物主义的角度看，后现代主义史学思潮不堪一击。其产生和存在有一定的合理性：任何人都不可能完全还原历史，研究史学的人不能替代历史时期中具体的人，任何人作为史学家都要通过一定的话语体系将研究成果传播出去，所以史学家的话语表述对接受历史史实的对象必然产生一定影响。但是后现代主义史学思潮过于夸大史学家的话语作用，不承认历史对客观存在的事实上的追寻，过分虚无历史，是彻底的历史唯心主义。高校教育工作者要从唯物史观的角度对历史虚无主义思潮的理论支撑——后现代主义史学思潮进行解读和批判，使历史虚无主义没有立足之地。大学生作为青年人，容易接受各种新鲜社会思潮，但是他们是爱国、拥护中国共产党的领导的，思想理论界，特别是高校的思想理论教师要揭露历史虚无主义的真实用心。

历史虚无主义思潮试图通过否定中国共产党的历史而达到否定党的领导、马克思主义指导、社会主义道路及人民民主专政的目的。要针对历史虚无主义所提出的具体观点，在通过史实反驳其虚伪性的同时，指出其歪曲历史事实，否定党的领导人的真实用意和目的；要让大学生认清，中华民族选择了社会主义道路、选择了中国共产党不仅是历史的必然，而且是适合中国的国情的，直接带来了中国的高速发展，而"颜色革命"之后的国家，很多陷入无休止的内乱。

2. 提高大学生对历史虚无主义的抵御能力

反对历史虚无主义，除在高校旗帜鲜明地反对历史虚无主义，还要加强对大学生的唯物史观教育和历史教育，增强其自觉抵御历史虚无主义的能力。

（1）引导大学生建立科学的历史观

学习和感知历史、开展历史教育，前提是要建立科学的历史观，只有建立科学的历史观才能自觉抵御历史虚无主义的侵袭。

（2）引导大学生树立唯物史观

列宁强调，唯物史观是"唯一科学的历史观"。马克思在深入研究人类历史的基础上，创立了唯物史观。唯物史观认为，人类社会的发展历史有其自身的规律，即生产力决定生产关系，经济基础决定上层建筑，生产关系对生产力发展有反作用，人民群众是历史的创造者，是历史发展的推动者。到目前为止的人类社会发展历史印证了唯物史观的科学性。对大学生进行唯物史观教育，首先，要加强历史学科的教育。历史是一门学科，有其自身的科学性。要采用灵活多样的方式引导大学生学习历史、了解历史，了解历史学科的科学性。比如，可以通过参观历史博物馆，帮助大学生认识到，作为一门科学，历史学是如何从各种真实的材料和线索中做出科学严谨的推断的，每个史实都是经过推敲的。历史学不仅坚持客观性原则还要遵循全面性原则，而不是凭借简单零碎的资料进行主观臆想和联想来构建历史。其次，要加强唯物史观教育，通过对中外历史发展的分析与讲解使大学生认识到生产力决定生产关系的历史发展规律如何在王朝兴衰、社会制度变迁中悄然发挥作用，从而认识人类社会历史发展的客观规律性。

（3）引导大学生学习掌握更多历史知识

在树立唯物史观的基础上，要引导大学生认真学习历史，掌握历史知识，增强大学生对歪曲历史事实思潮的鉴别力。真正熟悉和掌握历史知识的人是很难被歪曲历史的"思潮"所迷惑的。

加强历史教育要注重丰富教育形式，在加强第一课堂历史知识的教育的同时，以大学生喜闻乐见的视频、动画、漫画、微信等多种方式还原历史，以人物传记、事件解读等串联历史，在大学生中普及历史知识。要注重丰富史料，历史虚无主义歪曲历史的一个惯用手法就是以所谓史料否定原有历史教育的内容，在对大学生的教育过程中，特别是各种历史方面的文化产品一定要注重史料的丰富和严谨，使大学生对历史有一个客观的认知并形成自我判断。要开展探索式教育，新时代大学生更乐于进行探索式学习，这样可以引导大学生在一个预先设定的历史时期，通过各种留存的资料和历史线索进行探索和推断，自己得出结论。也可以有效利用社会资源引导大学生学习历史，如，中国国际广播电台的"档案揭秘"栏目，就从解封的历史档案中以丰富的史料帮助听众还原历史事件，了解事件真相，受到听众好评，其微信公众号可以让大学生广泛关注。

三、引导大学生正确看待社会主义发展

面对全球化形成的冲击，积极的应对之策在于进一步加强马克思主义理论教育，不断提升主流意识形态的影响力；引导大学生准确把握我国的国际定位，增强道路、理论、制度和文化自信；与"走出去"战略相适应，培养大学生在全球化视野中看待社会主义的发展。

（一）引导大学生准确把握我国的国际定位

引导大学生准确把握我国的国际定位，增强道路、理论、制度和文化自信。坚定共同理想信念，首先要提升大学生对中国特色社会主义道路、理论、制度的自信，自信不只建立在对国内社会现实的认识上，必须勇于把我国的中国特色社会主义道路、理论、制度放到全球化背景中去考量，引导大学生从国际的高度认识自己，才能明确中国特色社会主义制度的优势和我国选择中国特色社会主义道路的历史必然性，也才能在全球化的洪流中坚定立场、有所取舍。

1. 引导大学生在国际舞台上准确定位国家发展

首先，通过开展国情教育，将我国放在世界舞台上去衡量。引导大学生正确定位我国国家实力，既不能妄自菲薄也不要盲目乐观。一方面，在中国共产党的领导下，中国特色社会主义的建设取得前所未有的成功，取得了资本主义国家不可比拟的经济发展速度，我国 GDP 已经位居世界第二位；另一方面，与发达资本主义国家相比，我国还任重道远，我国仍然是世界上最大的发展中国家。引导大学生开展当前中国在经济全球化中的发展战略的教育，通过将我国当前经济发展放在经济全球化的发展进程中，放在各国特别是发达国家在经济全球化的发展战略中去比较，可以寻求我国的发展空间，形成大学生对我国"走出去"战

略的共识。

其次，开展政治制度的比较教育，引导大学生认识到中国特色社会主义道路的优越性。中国作为发展中的社会主义大国，在深度参与全球化的过程中积极推进国际关系的民主化，倡导建立国际政治新秩序。在大学生中开展政治制度的教育也必须有这种开放包容的心态，在我国深度参与全球化的今天，不能总是单纯将眼光局限在国内，教育大学生中国特色社会主义制度就是好，必须进行各国政治制度的比较教育，通过客观介绍各国当前采用的政治制度的由来及与我国政治制度的比较，使大学生客观得出我国选择中国特色社会主义制度的历史必然性和中国特色社会主义制度的优越性。

最后，引导大学生尊重文化差异，坚持文化自信。文化是一个国家、一个民族的灵魂，文化传统与政治制度具有一定的内在一致性，坚持理想信念就要坚持传统和弘扬优秀传统文化。要引导大学生在多元文化的冲击中树立自信，首先就要引导大学生认识到传统文化的时代价值。中华民族的优秀传统文化经过历史的检验，被证明是有生命力的，与现代的市场经济制度、与我国深度参与全球化的新阶段是相适应的。在经济全球化时代，"越是民族的就越是世界的"，要引导大学生认识到在任何时候文化都不可能是同一的，坚持和弘扬优秀的民族文化传统，才能更好地参与世界；在深度参与经济全球化的今天，与多元文化的接触不可避免，要引导大学生在坚持文化自信的同时尊重其他民族的文化，发挥中华民族传统文化兼收并蓄的生命力，在坚持自身核心文化的同时吸收利用其他民族有益的优秀文化。

2. 开展国际形势教育激发大学生对国家的认同感和凝聚力

针对当前国际形势发生着深刻变化，在复杂的国际形势下，大学生的思想观念势必受到一定冲击，同时面对许多矛盾困惑，急需教育和引导，开展国际形势教育，对于增强大学生对国家的认同感和凝聚力具有重要意义。认同是属于人的心理层次的情感和认识,是人心问题,是人的思想认识的深层次的问题。针对大学生关心的热点问题,帮助大学生认清国际形势和发展趋势,教育大学生全面准确理解和认识党的路线、方针和政策,对大学生坚定中国特色社会主义的政治理想,引导大学生认识国家发展和民族复兴的责任,拓展他们的视野,开阔他们的胸襟,增强他们的历史责任感和使命感都十分重要。同时应考虑大学生的思想状况和实际特点,探索新的方式和途径,采取灵活多样的教育方式,将系统讲授和专题讲座、参观活动等相结合,努力提高教育的效果,提高大学生的认同感和凝聚力。

应开展国情国力教育,引导大学生认识我国外交政策的立足点和出发点,教育引导大学生认识到,在世界多极化发展中,中国在国际舞台上的表现是外交策略和外交艺术的展现,更是立足于国际国内形势的需要和中国实力的现实的。当前,虽然我国经济持续快速发展,综合国力大幅上升,人民生活水平显著提高,国际影响力不断提升,但是我国仍然是世界最大的发展中国家,仍处于并将长期处于社会主义初级阶段的基本国情没有变,人均 GDP 仍然较低,在诸多方面特别是经济和军事实力上与西方发达国家存在较大差距,这也决定了当前我国外交政策的立足点和出发点仍是服务我国社会主义现代化建设、服务经济发展的大局。在国际风云变幻、综合国力竞争日益激烈的国际舞台上,我们一方面积极作为,展现出负责任的政治大国的形象,另一方面必须加强国际合作,为我国经济建设和改革开放事业争取有利的国际环境,赢得更多的时间和空间。

应开展国际形势和周边环境教育,引导大学生增强忧患意识和使命感。教育引导大学生认识到我国还面临着比较复杂的国际形势和严峻的周边关系。在开展国际形势的教育中结合当代大学生的思想状况和特点,探索新的方式和途径,将系统讲授和专题讲座,参观体验等活动相结合，通过组织大学生参加南京大屠杀死难者国家公祭仪式、抗日战争胜利纪念日活动、国防教育基地参观活动等，进一步增强大学生的历史责任感和使命感。

应对我国在国际舞台表现进行解读，引导大学生增强对国家的认同感和凝聚力。国家认同是一个国家在国际社会中在与其他国家互动过程中形成的，一定程度上是这个国家与世界关系的写照。增强大学生的国家认同感，不仅要增强他们对我国社会主义大国性质的认同，而且要增强他们对国家传统文化的认同。国家凝聚力是国家发展和生存的内在动力，体现了国家对国民的权利保护能力，反映了国家社会制度和发展模式对人民的吸引力，也反映了国民对国家意识形态和价值观念的认可程度。随着我国国家实力不断增强，我国积极为国际热点问题的解决积极贡献力量，积极支持朝鲜半岛和伊朗的核问题解决，支持中东地区通过和平对话解决地区冲突，积极参与联合国维和活动；我国积极参与联合国、二十国集团（G20）、上海合作组织等国际组织和平台，提出全球治理体系变革新理念，推动构建以合作共赢为核心的新型国际关系、打造人类命运共同体，共同维护和平稳定的国际环境，共同维护合作共赢的全球伙伴关系，共同完善全球经济治理，得到了国际社会的广泛欢迎；我国在外交上采取"以人为本"的理念，多次组织从动荡国家和地区迅速撤侨，有力维护了我国海外公民和企业的权益。要及时对这些事件在大学生中进行宣传和解读，围绕大学生关心的热点问题，深刻剖析国际事件中我国的立场和政策，不断增强大学生对国家的认同感和凝聚力。

（二）引导大学生认识社会主义发展的历史趋势

在大学生中开展中国特色社会主义的理想信念教育，促进大学生健康成才和全面发展，首要问题就是要使大学生树立对社会主义发展前景的信心，而这很大程度上建立在对全球化背景下社会主义和资本主义发展趋势的正确认识上。

只有认清当前社会主义的历史发展阶段，才能使大学生坚定树立建设中国特色社会主义的理想信念。新时代的大学生生活在全球化背景的时代，大学生更是从全球化视野中看待社会主义发展。全球化是人类历史发展的必然趋势和潮流，在全球化发展过程中，资本主义和社会主义两种制度在世界范围内先后兴起和传播，二者之间存在意识形态上的冲突对立，也在全球化过程中并存共处、相互竞争，对人类政治、经济、社会和文化等各领域都产生了深刻影响。只有正确认识社会主义制度在人类全球化发展中更具生命力和适应性，正确认识社会主义和资本主义两种社会制度长期共存和互相竞争的时代特征，正确认识建设中国特色社会主义的内涵特征，正确认识社会主义的复兴是人类历史发展的必然趋势，才能抵制西方资本主义政治制度、意识形态和价值观念的侵蚀，从而坚定对社会主义制度和社会主义道路的自信，才能够在社会主义事业发展遇到困难时不迷失方向、不丧失信心。

1. 引导大学生认识到在全球化发展中社会主义制度更加适应全球化发展的需要

全球化发展并非一帆风顺，是经历长期复杂历史变迁的过程，并从低级逐渐向高级发展，其参与主体是多样的国家和民族，它们在全球化发展过程中既有合作又有冲突，因此，全球化的发展受到参与主体的社会制度因素的影响，同时全球化发展也深刻影响着人类社会制度的演化和变革。马克思在建立科学社会主义理论时，就提出了世界市场和资本全球化发展的必然性，并指出社会主义替代资本主义建立在整个人类社会生产力的高度发展和社会全面进步的基础之上，并指出社会主义必将在世界范围内取得成功，世界各国会最终共同走上这一历史进程。资本主义主导的全球化促进了社会生产力的全面发展和人类社会的全面进步，为社会主义和共产主义在全球范围内的实现奠定了现实基础。从历史唯物主义角度来看，社会制度的生命力最终取决于这种制度对社会生产力发展的推动和对社会公平正义的维护。目前全球化发展过程中资本主义制度面临诸多的现实冲突，如何保持经济持续发展，同时更好地维护社会公平，这面临更多挑战，而社会主义制度则展现出更加适应当前全球化生产方式的发展前景，可以更加有效解决资本主义制度面临的各种危机和挑战。

首先，社会主义制度可以更加有效的组织全球范围内的生产活动，如中国目前推进的"一带一路"倡议，党中央有效凝聚国内共识，并通过公正平等原则组建了亚投行，有效整合了世界各国的资金和力量；社会主义制度坚持生产资料公有制，可以解决世界范围内生产不断扩大和市场需求有限之间的矛盾，更加有效地调整平衡世界总供给和总需求，化解全球范围的经济起伏带来的动荡和危机，促进全球经济持续健康发展。其次，社会主义制度是以公有制为主体，实行按劳分配的，政府可以实行更加有效的公共财政政策、收入分配调整制度和社会保障制度，从而制约资本的力量，进而使得经济发展的成果更加公平地分配到全体人民；社会主义制度更加倡导同情弱者的价值理念，可以更加有效地维护社会的公平正义，保障弱势群体的利益和诉求，解决贫富差距扩大的问题并实现社会持续稳定。最后，在全球化过程中西方发达资本主义国家凭借自身经济技术的优势，对发展中国家推行不公平的国际经济政治秩序，全球范围的和平和安全仍受到霸权主义和强权政治的影响，而社会主义支持消灭剥削压迫，消灭阶级对立，彻底消除国家民族之间的战争，将实现全人类的彻底解放作为最终价值追求，这无疑更符合全球化过程中世界和平发展的时代要求。中国特色社会主义的伟大事业在实践过程中不断取得成功，丰富和发展了社会主义的制度、理论和实践，也为社会主义制度在全球范围的发展壮大提供现实借鉴。

2. 引导大学生正确认识在全球化发展中社会主义和资本主义制度在一定时期内仍将长期共存、相互竞争的发展特征

在全球化过程中，社会主义与资本主义曾经长期对立斗争，也建立了天然联系，二者在长期竞争过程中不断互相借鉴和学习，如中国特色社会主义市场经济制度借鉴了资本主义市场经济发展的经验，而资本主义国家除了普遍实行自由市场经济外，也借鉴了社会主义，积极采用国家干预的经济手段，同时社会保障和福利制度成为现代文明社会制度的基础之一。在全球化深入发展的今天，经济危机的爆发也往往具有全球性，无论资本主义和还是社会主义国家都无法独善其身，如在2008年国际金融危机后的"后危机时代"，世界各国都认识到加强国际金融体系监管的重要性，并对经济和金融政策进行调整。随着科学技术的快速发展，创新性劳动价值日益重要，社会分工形式日益精细复杂，劳动者的社会关系发生了深刻变化，这些无疑对社会制度提出了新的发展要求。另外，气候变化、环境污染、疾病传播和恐怖主义威胁等全球化问题，要求世界各国家相互借鉴好的治理思路和汲取发展过程中的历史经验。当前西方资本主义国家虽然经历过多次严重经济危机，但经过调整都重新出现了经济的恢复和增长，时而出现的民众抗议和示威也主要是要求更好的社会福利或是更多的民主政治的诉求，对资本主义制度本身并未有根本质疑和挑战。同时，目前社会主义制度大多是在经济社会比较落后的国家建立起来的，虽然在经济社会上都取得了一定发展，但与资本主义国家在整体实力上仍有较大差距，并且当前全球化发展中，社会制度的竞争仍集中体现在国家综合实力的较量上。社会主义制度为解决全球化存在的问题提供了更为先进的制度形式，但从当前的国际形势看，总体上社会主义国家的力量还比较弱小，社会主义国家在全球化进程中还未成为主导力量，但已经全面参与到全球化进程中并显现出制度优势。因此，应该引导大学生清醒地认识到，在全球化的背景下，不同

社会制度的国家相互依赖、相互影响，资本主义和社会主义两种制度将呈现在一定时期并存共处、相互竞争的时代特征，中国作为社会主义国家需要不断调整和深化改革，努力提高我国的综合实力，使得我国社会主义制度更加完善、优势更加明显，从而在未来全球化竞争中处于更加有利的地位。

3. 引导大学生正确认识在全球化实践过程中建设中国特色社会主义的内涵特征必将不断丰富和发展

当前我们坚持中国特色的社会主义道路和基本制度，既体现科学社会主义的基本原则，同时也根据全球化时代的条件赋予了鲜明的中国特色。中国从新中国成立初期被动参与全球化，到改革开放后积极主动地融入全球化，再到当前全面深度融合到全球化过程中，中国特色社会主义道路、理论体系和基本制度得到了不断创新发展。

随着全球化的深入发展，中国特色社会主义理论的发展和社会制度也将需要不断探索完善和与时俱进，通过全面深化改革，对中国政治、经济、文化和社会等多方面进行制度的变革和创新，使得中国特色社会主义道路不断拓展，以适应全球化背景下的时代发展变化要求。

4. 引导大学生看到世界范围的社会主义终将复兴是不可逆转的历史趋势

社会主义的全球化发展的过程，与资本主义交织，经过从蓬勃发展到遭遇挫折，历经磨难却不断前行，虽然遭受了苏联解体和东欧剧变的巨大困难挑战，也有中国特色社会主义建设的巨大成就和中国特色社会主义发展模式的独特魅力。从历史规律出发，社会主义作为人类社会一种新的思想体系、价值观念、社会制度和发展道路，在全球化过程中展现出更强的生命力和更好的适应性。根据唯物辩证法的观点，任何事物都是变化发展的，同样，社会制度如果不能适应时代发展要求，必然失去生命力而导致最终崩溃。在全球化过程中社会主义发展必然遇到各种问题和挑战，我们不能在社会主义发展不断取得胜利时冲昏头脑，更不能在社会主义发展处于低潮时丧失信心。正如邓小平所说："我坚信，世界上赞成马克思主义的人会多起来的，因为马克思主义是科学。它运用历史唯物主义揭示了人类社会发展的规律。"① 社会主义的发展并非单个民族国家的使命，而是全人类共同的事业，全球化为社会主义在世界范围内的发展提供了重要条件。

（三）培养大学生的国际意识

国际意识是相对民族意识而言的，指的是人民对跨国事务或国际事务的认识和了解②。在我国"走出去"战略的推动下，对外交往日益频繁深入，我国也逐渐跨入世界舞台中央。与此相适应，培养大学生的国际意识能够帮助他们认清世界形势的发展，认识我国在全球化进程中的发展空间、核心利益及发展趋势。当前，培养大学生国际意识应着重加强对以下问题的认识和了解。

1. 了解"人类命运共同体"的价值理念，加强对国际社会共同应对全球性挑战的认识

推动建设人类命运共同体，是我国领导人基于对世界大势的准确把握而贡献的"中国方案"。人类命运共同体的价值理念体现了当前国际社会在发展问题上的重要共识，符合当今世界的发展趋势。随着世界多极化、经济全球化、文化多样化和社会信息化的发展，粮食安全、资源短缺、气候变化、网络攻击、人口爆炸、环境污染、疾病流行、跨国犯

---

① 邓小平：《邓小平文选》（第 3 卷），北京：人民出版社 1993 年版，第 382 页。
② 王帆：《中国人的国际意识与国家形象塑造》，载《湖北日报》，2007 年 8 月 29 日，第 9 版。

罪等全球非传统安全问题层出不穷，对国际秩序和人类生存构成了严峻挑战，民族国家要主动承担相应的责任，共同应对挑战。在政治、经济、科技和文化等方面深入合作，促进世界各国的平等发展，维护人类共同利益。作为正在崛起的大国，正是秉承了这一理念，我国才援助西非抗击埃博拉、协助巴基斯坦从也门撤侨、驰援尼泊尔抗震救灾等，与世界各国一道共同应对挑战。我国积极开展与全球各个国家的经济合作，实施"一带一路"倡议；建立亚投行，在注重自身可持续发展的同时，注重实现地区和人类发展的共同利益，推动建立公正合理的国际体系，展现了中国作为社会主义大国的负责和自信。

人类命运共同体意识超越种族、文化、国家与意识形态的界限，为思考人类未来提供了全新的视角，但人类命运共同体的建设将是一个长期、复杂和曲折的过程，因而应积极培养大学生的国际意识，引导其关注国家发展和人类进步，并努力为人类社会的可持续发展做出贡献。

2. 正确认识国际合作与爱国主义、人类共同利益与国家利益的关系

国际合作是国际行为主体之间基于利益的基本一致或部分一致而进行的政策协调。当前，国际合作日益深入，形式日益多样。如前所述，国际合作和国际交往的日益加深，往往模糊了人们对民族国家界限的认识，有的人甚至认为爱国主义已经过时了。事实上，当前的国际关系是建立在民族国家体系之上的，没有爱国主义就没有国际合作。爱国主义是中华民族民族精神的核心，实现"中国梦"必须弘扬爱国主义。只要民族国家继续存在，爱国主义就不会过时。在全球化进程中，国际合作与爱国主义也并不矛盾。经济全球化是世界经济发展的必然趋势，要发扬爱国主义必须把握机遇，积极参与其中，加快我国经济发展，不断提高我国综合国力。坚持和平发展是我国的一贯主张，是在全球化进程中弘扬爱国主义与开展国际合作的必然选择，正如习近平同志所指出的，

中国要在与世界各国良性互动、互利共赢中开拓前进，不断扩大各国的互利合作，以更加积极的姿态参与国际事务，共同应对全球性挑战。①

在全球化进程中，人类共同面临前所未有的问题和挑战，世界各国也迎来了难得的发展机遇。要正确认识人类共同利益与国家利益的关系，既要反对和防止狭隘的民族主义，也要反对主张"全人类利益高于一切"的抽象人道主义。要引导大学生认识到，不可能有置于民族国家利益之上的人类共同利益。维护国家利益，捍卫国家主权是维护全人类共同利益的前提，只有有效地保护民族国家利益才能更好地促进全球化的发展。"因为一个自身国家利益严重受损或主权受到威胁或丧失主权的国家根本谈不上为全人类做贡献"②。

3. 了解国际组织的运行规则，深入认识当今世界

当今世界，国际组织是制定国际规则、协调多边事务、分配国际资源的重要平台。参与国际组织的程度是大国影响力的重要体现。党的十八大报告提出，"坚持权利和义务相平衡，积极参与全球经济治理"，"积极参与多边事务，推动国际秩序和国际体系朝着公正合理的方向发展"，这内在包含着参与国际运行规则的制定和完善。当前，随着我国综合国力的增强，在国际舞台上的影响力日益提升，我国正逐步参与国际规则的制定，急需各种通晓国际组织规则和运行机制、能够参与国际组织管理的人才，世界也需要中国智慧、中国方案。因此，知晓国际规则对大学生的个人成长和国家事业发展都是必要的。要创造条件，通过多种方式，帮助大学生了解国际组织及其运行规则，一方面有利于培养适应全球化发展需要的国际型人才，另一方面有利于他们更深入地认知

---

① 习近平：《在主持十八届中共中央政治局第三次集体学习时的讲话》，载《人民日报》，2013年1月30日，第1版。

② 李祥祥：《全球化时代维护国家利益与维护全人类共同利益的一致性——兼谈当代大学生的两个历史使命》，载《中北大学学报（社会科学版）》，2010年第2期，第59页。

世界，更清晰地看到中国在全球化进程中的发展空间、平台及路径。

4. 引导大学生认识到世界多极化趋势不可逆转

总体而言，世界多极化对大学生理想信念的积极影响多于消极影响，要将世界多极化作为大学生理想信念教育的重要内容，引导大学生树立适应世界多极化发展的国际政治意识，促进大学生清醒地认识世界多极化发展中的意识形态之争，引导大学生积极维护国家的核心利益，开展国际形势教育，增强大学生对国家的认同感和凝聚力。

要有意识地发挥世界多极化教育对大学生理想信念的积极作用。如前所述，世界多极化有利于世界的和平发展，也有利于中国的发展，对中国人民和对大学生的影响都是积极方面多于消极方面。有效利用和积极发挥世界多极化对坚定大学生理想信念教育的积极作用，要加大对大学生进行世界多极化发展的教育，将世界多极化发展作为大学生理想信念教育的重要内容。在全球化深入发展的今天，对大学生进行中国特色社会主义理想信念的教育，不仅要将国内社会经济发展进行的纵向对比作为教育内容，也必须将中国放在世界舞台上进行横向分析比较作为教育内容，对国际上各个政治力量间的较量，对中国在世界舞台上的积极表现和未来的发展空间进行教育，使大学生在国际力量的比较中、在多极化发展趋势的把握中坚定走中国特色社会主义道路的决心。

要尽早对大学生进行世界多极化教育，及早对大学生进行世界多极化教育有利于大学生建立制度自信。世界多极化教育不同于国际政治教育，世界多极化是建立在对国际关系发展未来走向的把握基础上的，主要是国际关系的走向、世界各种力量的存在和相互间的制衡、霸权主义和冷战思维的表现、我国在世界多极化进程中发挥的作用等。随着全球化的深入发展，大学生对世界的了解和认识是迟早的事情，如果不引导大学生在经济全球化的发展中用历史唯物主义和辩证唯物主义的观点分析纷繁复杂的国际争端和世界多极化的发展格局，就会使他们忽略全球化过程中对民族利益的保护、对意识形态斗争的清醒认知，陷入对经济发展和技术进步的盲目崇拜，丧失对社会主义制度的自信。

四、引导大学生正确看待资本主义发展

当前世界主要发达国家都是实行资本主义制度的国家，并且在全球化进程中对我国形成一定的发展压力。大学生接触和了解资本主义国家的机会越来越多，引导大学生透过纷繁复杂的社会现象正确看待资本主义的本质、发展趋势至关重要。

（一）引导大学生正确看待全球化进程中资本主义的发展

资本主义国家在全球化发展中占据先机，全球化的发展伴随着资本主义制度的发展，引导大学生正确认识二者的关系，能够帮助大学生认识资本主义制度近一个世纪经济发展的原因。

1. 全球化过程伴随资本主义生产方式扩张并受到资本主义制度的影响

全球化是随着人类社会生产力的发展，全世界各个民族国家逐渐形成紧密联系整体的社会历史进程。全球化最早可以追溯到 15 世纪末的地理大发现，航海史的壮举打破了各大洲间的相对孤立的状态，极大拓展了人类的全球思维意识，促进了欧洲资本主义的发展，世界市场从此开始形成。19 世纪，随着西方资本主义国家工业技术的快速发展，以航海和铁路为基础的全球交通运输网络逐渐形成，进一步推动了世界市场的发展和全球贸易交往。20 世纪特别是第二次世界大战后，西方发达资本主义国家航空运输和信息技术的发展更加密切了全球各国间商品、物资、技术和市场的交流，全球化进入快速发展时期。进入 21 世纪后，随着生产力的进一步发展，资本主义国家国际分工到达新的阶段，全球

化发展逐渐进入成熟期。全球化是人类历史发展到一定阶段的产物，它以资本主义经济全球化为基础，以科技进步为和生产力发展为内在动力，体现为整个人类社会的高度发达和全面发展。全球化历史进程受到资本主义制度建立和发展的影响和制约。人类社会私有制发展早期，生产力水平低下，普遍采取专制的政治制度，不利于全球不同地区文明的沟通交流，在人类社会早期政治制度环境中尚未形成显著的全球化趋势。随着资本主义制度的建立和发展，基于资本主义生产力和生产方式发展的需要，资产阶级倡导自由平等精神和民主法治观念，并逐步建立起配套的市场经济体制和民主政治体制。同时，在资本自身对利润最大化的追求的刺激下，资本主义商品生产规模迅速扩大，对世界市场和资源的巨大需求，极大推动了人类社会全球化的快速发展，西方发达资本主义国家也由此成为全球化的主导力量。

2. 全球化深入发展为当代资本主义发展开拓广阔空间

在全球化深入发展过程中，资本的组合方式和来源日益多元化。随着生产资料和资本加剧集中，以金融资本为代表的垄断资本在国家经济发展中的主导地位越发显著，对全球经济的影响和控制日益加强，尤其以跨国公司作为国际金融资本的主要载体，跨国公司的规模和数量迅猛扩大，使得西方国家垄断资本主义逐渐向国际垄断资本主义发展。同时为了适应全球化发展，西方发达资本主义国家之间也打破国家疆域，形成以世界贸易组织、国际货币基金组织和世界银行为主导的国际经济组织，建立了一系列区域经济一体化合作组织，并将发展中国家纳入资本主义世界经济一体化的体系。垄断资本和国家政权结合，使得垄断资本对国家经济发展的调整和改良起着巨大作用，各资本主义国家普遍通过使用财政和货币、税收和社会再分配等政策对经济进行调节，资本主义国家的自我调节能力增强了，经济危机的爆发频率显著降低。但是，全球化的深入发展也带来了资本主义国家更加广泛和更加严重的经济危机的爆发,增加了各资本主义国家政府之间严重的债务危机隐患,加大了资本主义国家内部的社会贫富差距。同时在全球化发展过程中不同资本主义国家经济发展更加不均衡,各国经济发展的贫富差距加大,西方发达资本国家凭借雄厚的经济和技术实力,在一定程度上主导着全球化的进程,左右着国际政治制度和经济规则,由于国际分工不公平,发展中国家则成为廉价资源和廉价劳动力来源地。随着全球化的发展,资本主义矛盾正在逐渐发生变化,除了仍然存在生产社会化和资本主义生产资料的私人占有制之间的基本矛盾之外,还集中体现在全球经济发展和某些发达资本主义国家垄断集团追逐自身利益之间的矛盾,以及各国经济有计划发展和全球经济无序发展之间矛盾,这些矛盾增加了全球范围内爆发经济危机和社会动荡的可能。

(二) 引导大学生认识资本主义的制度缺陷

新时代,西方发达资本主义国家虽然依靠科技革命在经济上不断发展,注意吸收借鉴社会主义成功的经验,并不断对资本主义制度进行完善,但是仍然面临着难以解决的问题,认识这些问题有利于大学生认识资本主义制度的自身难以克服的固有矛盾。

1. 金融危机反映其制度痼疾无法解决

随着全球化的发展,尤其新自由主义在西方发达资本主义国家的盛行,经济危机爆发的影响严重程度加深且范围更广。

在全球化发展的过程中,发达资本主义国家始终没能避免经济危机的周期性爆发,尤其是国际垄断资本为维护本集团利益,使得危机对全球经济发展影响有日益加深的趋势。如美国 2008 年遭遇由次贷危机引发的金融危机,对全球经济稳定产生长期深刻影响。此次危机起源于美国政府不当的房地产金融政策和监管的缺失,起初华尔街的金融机构盲目地向次级信用购房者发放抵押贷款,国际金融资本肆无忌惮的贪婪助长了金融衍生产品的滥用，为刺激经济发展，美国政府也采用了长期低利率的货币政策，但是随着利率上升和房价下降，次贷违约率不断上升，导致房利美和房地美股价暴跌，最终出现雷曼兄弟申请破产保护和美林公司被收购的局面，由此，一场百年未遇的资本主义世界金融危机全面爆发。美国金融市场全面动荡、股市全面崩盘，并很快席卷全球金融市场，紧接着对全球实体经济也产生了巨大冲击，世界各国经济增速放缓，失业率激增，罢工抗议频现，最终各国政府不得不联起手来签署了高额的救市方案和大规模经济刺激计划，才使得这场危机逐渐平息。这场危机起源于美国，在全球化的背景下迅速波及全球主要资本主义国家，最终形成资本主义世界的一场全面危机，其影响的严重程度和波及范围的广度远超出历次经济危机，这表明以私有制和自由市场经济为基本特征的资本主义制度面临新的困境。

2. 政府债务危机问题日益严重

在全球化过程中，西方国家普遍希望通过实施社会福利制度，使用政府税收和转移支付等再分配手段，调节社会贫富差距。但资本始终具有逐利性，这种政策遇到严重经济危机时就变得不可持续，反而会形成严重的债务危机。在全球化的背景下，作为主体的国家和民族之间产生了错综复杂的债权和债务关系，一旦某国形成主权债务危机，就必然产生连锁反应。在2008年全球经济危机爆发后，西方主要发达资本国家陆续出现主权债务危机，从冰岛主权债务危机、迪拜主权债务危机，到欧盟主权债务危机，再到美国国债危机，全球债务危机愈演愈烈。据统计，截至2011年7月，全球国家债务总额超过45万亿美元，超过全球前五大经济体2010年GDP总额。政府债务危机正威胁全球经济安全，美国政府通过不断与国会争吵才能达成提高美国国家债务上限的协议，以避免导致政府关门，一旦美国国债出现违约，国际金融秩序将遭到严重破坏，全球经济将遭受更为严重的冲击。这些债务危机与西方国家普遍实施高福利政策密切相关,这些政策导致社会经济发展缺乏动力和政府负债高企,一旦政府为减少负债而削减社会保障福利的开支,就会使得低收入的人群生活变得难以为继。因此,西方资本主义发达国家存在的日益严重的政府主权债务危机问题,这是资本主义国家金融财政制度的固有缺陷造成的,同时在全球化背景下加剧了一国债务危机的影响程度和范围,为资本主义世界的下一次全面经济危机埋下隐患。

3. 社会贫富差距日益加大

近些年,西方发达资本主义国家经济的发展并未真正解决社会分配不公的问题,据《华尔街见闻》2019 年 11 月 26 日报道,10% 的美国家庭控制着大约 70% 的财富。尤其全球金融资本发展带来的资本利息和股票红利分配,使得富人收入中资本红利占比越来越大,最富有的富人收入中,资本性收入更加占据绝对优势,这更加剧了社会的贫富差距。由于资本收入的分配更为集中,资本收入带来的分配的不平等更为明显,资本性收入的占比上升增加了分配收入的不平等性。西方发达资本主义国家无法根本上解决目前贫富差距日益加大的问题,而贫富差距问题正是造成各种社会矛盾冲突的根本原因。如 2011 年美国爆发"占领华尔街"民众示威运动,席卷全国 200 多个城市,并得到工会和学生的支持,抗议者通过"占领"本身表达对资本主义金融业的不满情绪,希望普通民众阶层能够得到更公平的财富分配。参与抗议者打出了"99%"标语,提醒人们美国社会 99% 的普通民众和 1% 的富豪之间贫富差距的加剧。示威者在活动官网声明中写道"最基本的事实就是我们 99% 的人不能再继续容忍 1% 的人的贪婪与腐败。"西方发达国家在经济危机爆发后往往通过资本注入、税收减免和削减福利等应对措施走出危机,但这也会进一步导致社会贫富差距的加大。贫富差距问题已经成为资本主义国家社会发展的固有矛盾,已经无法通过调整完善资本主义经济社会制度去解决。在以生产资料私有制为基本特征的资本主义经济发展中,在资本逐利驱使下，资本主义经济不断扩大生产规模，逐渐超越国家和民族的界限，这必然使得财富更大程度地集中在少数人手里，即使通过完善调整某些国家的社会福利和分配制度，仍然无法从根本解决上贫富差距扩大的问题。

五、针对国内社会现实与大学生特点加强教育

国内社会现实作为我国社会发展的时代背景，深刻地影响着当代大学生的思想认识，影响着他们对中国特色社会主义道路的看法。作为在新时代中成长起来的大学生，他们更加关注国内社会现实情况，更加关注中国特色社会主义事业的发展。因此，面对当前国内社会现实，针对大学生的特点，有效引导大学生理性看待国家发展的历史时期，使他们正确认识自我成长与国家发展的关系，正确认识当前社会发展过程遇到的各种问题，应积极培养信息化和市场经济进程所需的各项综合素质，在实现个人的全面的发展同时，有助于正确理想信念的形成。

（一）提升大学生应对信息化环境的能力

面对网络新媒体对大学生理想信念形成的深刻影响，要提升大学生的理性认知能力，引导大学生更加合理地利用网络工具，提高信息辨伪能力；要规范网络新媒体的外部环境，消解繁杂负面信息对大学生思想认识影响，积极构建以新媒体为载体的大学生理想信念教育平台。

1. 提升大学生理性认知能力

互联网的出现是传媒平台的一次革命，由于网络新媒体的兴起，使得信息传播的速度更快，尤其是随着智能手机和移动互联网的发展，大学生更加容易从网络等新媒体中获取知识和信息。网络新媒体具有开放、自由、受众广等特点，其内容新颖且形式丰富，更新速度快，对大

学生认识了解世界，完善知识结构，拓宽思维方式，交流探讨思想，都具有重要作用；同时，由于互联网络信息海量，信息真伪难辨，大学生辨识能力不足、自制能力较弱，对一些网络不良信息的侵袭难以抵制，甚至身心健康受到很大影响。不良网络信息和谣言信息传播，拥有导致社会信任危机、秩序动荡的巨大能量，当前国内外敌对势力利用网络对一些公共事件发动舆论攻击，丑化公共机构，恶化社会风气，扭曲人们的认识，如一些网络空间具有一定影响力的所谓"知名人士""网络大V"，在焦点新闻事件的传播过程中，恶意捏造不实信息进行炒作，刺激不满情绪，弱化党和政府的公信力，造成负面影响。因此，在网络环境下应提升大学生的理性认知能力，引导大学生更加合理地利用网络工具，提高信息辨伪能力。

由于大学生自身成长的经历和相关教育的缺失，在对于一些理论问题和复杂事物的判断方面，大学生仍然缺乏理性、全面和客观。新媒体时代，提升大学生理性认知能力同时，还应注意培养与此相适应的媒介素养。首先，高校应充分发挥教学和研究优势，打造专门的科研团队，在合理借鉴西方相关理论研究成果和教学模式的基础上，进行本土化转换，编写适合中国大学生特点的媒介素养教育系列教材和教案，将提升大学生的媒介素养纳入培养目标，制订完善的媒介素养提升计划。其次，逐步实现媒介素养教育进课堂、进实践。可以通过开设媒介素养选修课，举办专题讲座、主题沙龙、社会实践等形式有针对性地进行媒介素养教育，在深层次讨论交流和实践中培养大学生的批判性思维，提升大学生透过现象看本质的能力，将大学生培养成适合大数据时代的合格的"数字公民"。

2. 规范网络管理，净化网络环境

应对信息化和新媒体的发展进行规范管理，首先是政府和高校要从理念层面和技术层面不断提升管理能力，加强管理。一方面政府要制定管理制度和相关规范，加大对网络不法行为的惩处力度，倡导网络文明。同时高校要强化守土有责的意识，加强阵地管理，培育网络管理人才，提高应对网络管理的能力。另一方面相关信息的发布要更加的及时和透明，以新媒体为媒介，进一步完善政府、公共管理部门、学校和学生之间平等对话的机制，不断提升它们在公众和学生心中的公信力。

积极发挥大学生作为网络主体来净化网络环境。大学生在网络中扮演着双重角色。大学生自身发声对身边同学的引导力度更大。大学生党员和学生干部骨干有较强的理论素养和辨别能力，应积极发挥他们的作用以点带面，主动发声消解负向舆论声音，为净化网络环境出力。

3. 构建以新媒体为主要载体的理想信念教育新平台

首先，发挥网络媒体等新媒体形式在加强大学生理想信念教育方面的优势。在网络环境中，人与人之间的沟通更加平等，因此可以利用网站、微博、微信、论坛各种网络新媒体形式，开展大学生的理想信念教育实践，借助网络媒体覆盖面积大，形式多样，信息传播快的特点，推动大学生理想信念教育更好地开展，通过提供及时全面和生动的网络信息内容，营造健康的网络文化环境，引导大学生开展健康文明、积极向上的网络生活，为大学生的生活、学习和就业等提供更多有用信息和便利，同时建立一批高质量有示范效应的高校思想政治宣传网站，以及开展大学生理想信念教育的有活力的信息沟通平台，传播更多更好更新的信息，宣传社会主义核心价值体系，使其在大学生群体中能内化于心，外化于行，弘扬社会正能量，同时与大学生进行思想上的沟通互动；其次，加强针对网络不良内容信息的监控和审查管理，建立不良信息的反馈和举报机制，净化网络空间，打击那些别有用心或为一己私利在网络散布不实言论的组织和个人，政府机构及时进行权威信息发布，弘扬社会正气，对谣言信息及时进行澄清，正确引导舆论。

（二）提升适应市场经济进程的素质

人的全面发展是马克思主义的最高价值理想，是未来社会的价值目标，马克思认为人的全面发展主要包括人的劳动活动、劳动能力、社会关系、自由个性的全面发展，人的全面发展的内涵也随着时代发展而发展。新时代大学生全面发展也必须顺应经济社会发展的需要，绝大多数大学生毕业后即将踏入社会，在自己的职业生涯中面临各种复杂的经济活动，因此，有必要了解宏观和微观经济运行的规律，具备一定市场经济所要求的基本素质，这也是新时代大学生素质教育和全面发展的要求。

1. 加强规则意识教育

规则是社会运行的基础，是市场经济良好运行的基本要求，一个没有规则或规则得不到尊重的社会是无序的、不可发展的社会。规则意识是大学生适应市场经济所需素质的重要方面。大学生在学校教育中获得专业技能和知识的同时，也对规则和尊重规则获得认知，但是大学生中也存在迟到旷课、考试作弊、违规用电、偷盗打架等现象，这反映了一些大学生规则意识的缺失。市场经济社会是人与人之间存在各种各样联系的社会，要保证整个社会处于健康有序发展的状态，就需要每个个体按照一定规则行动，法律制度和公共规则在现代社会起着关键作用。规则意识是指个体对规则认知，同时是自觉遵守规则的程度，人们在规则意识的指导下产生规则的行为，进而形成规则的行为模式和行为习惯。规则意识的形成除了依赖对规则的认知程度之外，还依赖于人对规则的信念确定，规则信念是行为主体对规则理想、规则社会的坚定信仰，是规则认知、规则情感和规则意志的体现。人在社会化过程中通常先是从外在约束中遵从某种规则的，然后逐渐理解规则，获得内心认同后，内化成个体自我的意志和信念，对规则的遵守进入自觉的阶段，而后完全内化为个体思想和行动准则，不再受外部强力的制约，达到真正个性自由。

培养大学生的规则意识，必须从底线教育开始，营造良好的社会环境，引导他们树立正确的价值取向，把大学生规则意识的培养与职业理想教育结合起来，使得大学生逐渐成为有坚定的规则意志的个体。

2. 加强竞争意识教育

随着我国社会主义市场经济发展，竞争已经渗透社会生活的各个方面，大学生毕业后即将在社会中参与激烈的就业竞争，因此为更好地适应社会，大学生应该面对社会和市场，树立正确的竞争意识。首先，应该引导大学生理性认识竞争的内涵，重视风险意识的培养。在我们人类社会处处存在竞争，比如商业竞争、科技竞争、体育竞争，以及国家综合实力的竞争，这些竞争本身就促进人类文明的不断前进。在竞争过程中必然有胜利者和失败者，但是胜利者并不是获得一切，失败者也并不是一无所有，我们应该争取胜利同时，做好为失败总结的准备。其次，我们社会主义市场经济竞争中，更加强调竞争的公平性，新时代大学生应该以为建设社会主义现代化事业贡献力量为出发点，在社会竞争中，客观地看待对手，同时能够正确地分析和评价自我，在竞争中能够扬长避短、知己知彼，掌握竞争中的主动权。同时建立公平竞争的社会环境，这对大学生的个人成长和社会进步都非常重要，培养大学生公平竞争的意识，还要从反方面说明不正当竞争对社会的危害，要敢于和不正当竞争斗争。随着我国社会主义市场经济制度的不断完善，社会中不公正竞争的现象必将减少。最后，培养竞争意识的同时，也应该培养大学生的合作精神和团队意识。在市场经济和科学技术日益发展的时代，很多伟大事业不是靠单个人的能力可以完成的，更多的是靠团队来实现，在团队中，成员之间必然会存在合作和竞争，此时需要协调好二者关系。应引导大学生多参与社会实践、体育运动等，让他们培养和体会团队协作的精神和意义。

3. 加强时间观念教育

时间观念体现了一个人的价值取向。大学期间必须强化培养良好的时间观念，良好的时间观念是今后在市场竞争中取胜的重要基础，有利于培养健康的身心和生活习惯，同时也会直接影响大学生理想信念的形成。良好的时间观念，就是要进行有效的时间管理，提高时间的利用效率，避免时间的浪费，把珍惜时间、学习知识，作为大学生活的追求。时间是一种宝贵的资源，大多数大学生会意识到时间的重要价值，但是常常停留在认识层面，而缺乏对时间安排的详细有效的规划，甚至有些大学生从紧张的高中学习直接到跨入大学后，陷入了理想的间歇期，有意放纵自己，浑浑噩噩地混日子。在对大学生进行时间观念的教育，首先，应使他们对自己人生追求的目标进行仔细设计，引导他们树立正确的价值观，认识到科学的管理时间是人生成功重要保证，不但要珍惜课堂时间，同时要充分利用好课余时间，为今后实现的自我的职业理想做好准备。同时，在与人交往的过程中，应努力遵守惜时守时的准则，学会尊重他人的时间。其次，应学习管理时间的方式和技巧，把握重点，区分主次，合理分配时间。时间观念的形成还与社会风气和社会制度密切相联系，因此，大学校园应营造珍惜时间、追求效率的学习风气，将时间观念教育渗透到教育教学和校园生活的各个环节，同时在社会上大力提倡珍惜时间的良好社会风尚。

4. 加强礼仪教育

礼仪是人们日常生活交往中的具体行为规范和准则，它是人们在长期共同生活交往中逐渐形成，并以风俗、习惯和传统等形式固定下来的，是人们思想道德的具体体现。礼仪是人们生活中不可缺少的一种能力，是个人修养和素质的外在表现，是人际交往中重要的沟通技巧。它具体包括政务礼仪、商务礼仪、服务礼仪、社交礼仪和涉外礼仪等。礼仪在人们的社会活动中，起到了维护社会秩序和保持交际和谐的作用。中国是传统的礼仪之邦，有着完整丰富的礼仪规范，礼仪对中国的历史文化发展有广泛和深远的影响，礼仪体现出一个人的教养和品位，它已经深入每个中国人的骨髓和血液中。在古代，礼仪是适应当时社会的宗法制度和等级制度形成的，具有那个时代的特点和局限。新时代中国的礼仪与之有很大差别，但一些传统的礼仪对当今时代的人仍具有积极意义，如尊老敬贤、礼貌待人、容仪有整、仪尚适宜等。随着人类社会的发展，各国之间的交往日益频繁，东西方不同文明的交流和碰撞，产生了一些新的礼仪如电话礼仪、面试礼仪、公交礼仪和职场工作礼仪，以及国外礼仪规范等。熟悉和掌握传统的礼仪规范，可以恰当地待人接物，塑造良好的个人形象。在社会活动中注意交谈礼仪，可以变得文明；举止讲究礼仪，可以变得高雅；装着讲究礼仪，可以变得大方；行为讲究礼仪，可以变得形象美好。总之，讲究礼仪可以使人充满魅力。

礼仪教育应该纳入新时代大学生素质的培养过程中。随着现代社会信息化的发展，人与人的交往方式和沟通手段发生了很大改变，由面对面的交流发展为电话网络等远程沟通，交往的频率更加频繁，信息社会对人们的交往内容和方式提出了更高的要求。大学生进行系统的礼仪教育，熟悉掌握基本的礼仪规范，能够自如、恰当地行动，将内在的道德品质和外在的礼仪形式有机统一起来，可以表现出新时代大学生应有的个人文化素质和风采。良好的人际关系是走向社会的基础，是事业成功的重要因素，因此掌握基本的礼仪知识，能够帮助大学生建立更加融洽和谐的人际关系环境。新时代大学生礼仪培养教育应遵循根本性原则，礼仪的根本是道德，正因为有道德作为内在依据，礼仪才能使人发自内心去遵循，真正的礼仪是人的真挚情感的自然表达，而不是矫揉造作、巧言令色的虚伪形式。另外，大学生礼仪教育应植根于传统文化，同时坚持现代性。中华民族是崇尚礼仪的，同时礼仪也是随现代社会发展而不断更新的，因此，需要将二者结合起来，构建与现代社会相适应的礼仪规范。开展礼仪教育一方面需要将礼仪教育的内容引入课堂，将思想道德修养和礼仪教育结合，将礼仪讲授和礼仪活动结合，同时大学教师应做礼仪榜样，发挥大学教师的人格力量和表率作用，营造良好的校园氛围，鼓励大学生参加各种礼仪活动和社会公共活动，使得大学生注意自己的言行举止，提高自己的礼仪素养，健全人格。

（三）引导大学生正确认识自我成长与国家发展

大学生对个人发展的关注，对个人权利和生活空间的要求前所未有。在个性发展和引导、规范过程中首先要注意对学生的尊重，在平等和尊重的前提下才有引导和规范的可能，在尊重大学生自我价值实现的基础上增强其对国家的认同感有利于引导大学生将个人价值实现与社会价值实现相统一。

1. 引导大学生将自我价值实现与社会价值实现有效衔接

自我价值的实现以对社会的贡献为基础，一个人并不依赖于自身以外的人和事物来证明自己的价值。自我价值是完全由自我决定的价值，是一种独立的人格。马克思主义认为，人的价值包括社会价值和自我价值。人通过自身的实践活动，不断创造出精神和物质财富，在满足自身需要基础上，也满足他人和社会的需要。人的社会价值是在对人与社会互助关系的深刻理解的基础上建立的，人对他人和社会需要的满足，体现出人的社会价值。

新时代大学生在自我价值实现中也面临一些困惑，受到市场经济环境冲击，多元化价值观念的选择，以及不良社会风气的影响，会面对物质价值和精神价值之间的选择，理想价值和现实利益之间的选择。他们虽然观念上认同个人应该追求实现社会价值，而有时行动上选择的是个人利益，或者屈服于现实环境的负面因素。因此，需要引导大学生建立正确的价值观，使得自我价值和社会价值正确衔接。首先，应确立理性科学的社会主导价值观，引导他们进行正确的自我设计和自我选择，认识到在现实条件下，只有做到自我价值和社会价值的统一，满足我们社会主义现代化建设的社会需求，才能够保证个人自由的发展和自我能力的最大发挥和自我价值目标的实现。其次，应引导大学生正确对待奉献和索取的关系。大学生会面临就业、评优、保研和入党等涉及个人利益和前途发展的现实问题，应疏导他们价值观上的迷茫，解决自我价值实现的困境。比如在就业问题上，多数大学生更向往到大城市发展，而缺乏勇气到条件更为艰苦的农村或中小城市中去，他们多数更加向往大公司大企业良好舒适的环境，缺乏到中小企业发展或者创业的勇气，因此，应引导他们认识到国家和社会更需要的地方，到更能发挥自己优势的地方去，不断为社会做出贡献，这样才能更好地实现自我价值。最后，大学生应能辩证地看待自我价值的实现，能够以积极的心态面对人生的困难和挫折，对待不良现象能够正确认识，始终保持艰苦务实精神，把实现人生的自我价值和为社会创造价值真正结合起来。

2. 引导大学生全面提高综合素质，为今后投入社会主义现代化建设积蓄力量

每个人的成长经历、社会环境和某些重大事件对理想信念的形成都具有重要作用。新时代大学生大多度过了天真无忧的幼年和童年时代，接着是青涩懵懂的中学时代和青春期，经过高考这一人生重大转折，迈进高等学校之后，离开家庭，更多地接触社会，视野大大拓展，在学习知识的同时开始认真思考人生和认识社会。大学生在大学生活中都会遇到挫折和困难，而且更多时候必须独立面对，这些成长中的痛苦和历练，使他们对人和事物更加宽容，开始变得沉稳。大学是人生漫长旅程中的一个阶段，进入学校后接触到更多优秀的同学，更多知识渊博的老师，可以为自己成长和长远发展制定一个合乎实际的规划，把更多的时

间投入有意义的学习和生活中。遇到成长中困难，可以开动脑筋去想办法解决，遇到困难、解决问题本身就是一种成长。要引导大学生在自身成长中珍惜时间，但不要急功近利，要谦虚但不要自卑，要自信而不要轻狂，要不断进步而不要自甘堕落。引导新时代大学生既要努力把专业知识学好，同时应注重综合素质的提高，在追求个人成长的同时应乐于帮助其他同学，在完成好自己当前学习任务的同时应该为长期发展做积极准备，也就是说，大学期间可以对自身的成长统筹规划，争取实现全面成长，同时也可以在某一方面着力推进、重点突破，推动自身全面协调可持续发展，为今后的工作生活提供坚实的基础和积累正能量。

3. 引导大学生正确认识我们国家发展过程遇到的各种问题

大学生成长过程中，伴随着我们国家快速的经济发展和社会结构的巨大变更，这种外部环境的变化对他们的成长起着重要影响。当前，我们国家的发展正处于实现民族复兴的伟大中国梦的关键时期。我们党提出实现"国家富强、民族振兴、人民幸福"的中国梦，每个大学生个人的理想和梦想应该建立在整个国家民族的梦想基础上，把国家、民族和个人的命运紧密联系在一起，把国家利益、民族利益和个人利益联系在一起，树立"家国天下"的宽广情怀，把人生理想融入中华民族复兴的伟大梦想之中，汇聚成实现中国梦的强大正能量。

当前我国正处于并长期处于社会主义初级阶段的基本国情并没有改变，发展中的各种问题、难题也只能依靠每个人的诚实努力才能解决，只有经过数代中国人的不懈追求、接力奋斗才能实现中华民族伟大复兴的中国梦。我们也必须意识到，在实现民族复兴的过程中，在建设中国特色社会主义的道路上，会遇到许多难以预料的困难和问题甚至是挫折，这些都是前进中的问题，必须理性看待，正确认识社会主义的发展趋势。

结　语

理想信念体现了人们对美好未来的向往和追求,是一个国家和民族奋勇前进的动力。新时代大学生是中国特色社会主义建设事业的中坚力量,他们能否树立正确的理想信念关系到我们党和国家的命运与前途。因此,对大学生理想信念的教育引导至关重要,对大学生理想信念形成的影响因素的研究对有效地引导他们树立建设中国特色社会主义的共同理想信念,促进他们在政治思想上健康成长,最终更好地实现自我价值具有重要的现实意义。

经过认真系统地分析新时代大学生理想信念的特性及其影响因素,本书形成如下结论。

第一,大学生独特的成长阶段使得其理想信念具有自身的特性。大学生的社会政治理想随着理性认知的成熟而趋于成熟,大学生的社会政治理想在与其他层次的理想互相碰撞中趋于稳定,大学生更加认同社会政治理想的内生转化而抵触传统的灌输,大学生对社会政治理想的接受往往停留在理论认知层面。

第二,新时代大学生具有不同于其他时期的自身特点,他们自我期望值高、学业就业压力大,教育投入增加与家庭的过度关注同时存在,主体性发展向自我性偏离,理论知识学习与社会实践经验形成落差,智力因素与非智力因素发展失衡，个体发展的需要滞后于自身的成熟，自我实现需求强烈。

第三，新时代大学生成长生活的大背景是经济全球化。全球化在政治、经济、文化、科技等领域的发展对大学生成长起着潜移默化的影响。全球化进程已经成为大学生理想信念教育必须直面的时空境遇，研究和分析新时代大学生理想信念不能脱离经济全球化的背景。

第四，全球化大背景下，积极发挥国内影响大学生理想信念的积极因素并规避消极因素就显得更加重要。全球化是不可逆转的发展趋势，已经融入人民生活的各个角落。较之全球化的影响，国内的影响相对可控，因此要巩固积极影响，尽可能消除不良影响。

第五，对策方面，对影响大学生理想信念因素的分析本身就是加强大学生理想信念的对策，第六章关于对策的分析主要从当前的现实出发，从教育的角度提出的引导对策，也希望能够形成社会共识，形成加强大学生理想信念教育的良好氛围。

参考文献

白天明：《经济全球化与区域一体化并行发展》，载《河北理工学院学报（社会科学版）》2004年第1期，第84—87页。

本书编写组：《毛泽东思想和中国特色社会主义理论体系概论》，北京：高等教育出版社2013年版。

本书编写组：《中国共产党第十八次全国代表大会文件汇编》，北京：人民出版社2012年版。

蔡毅强、朱志明、朱贝妮：《以弘扬中国精神激励大学生实现中国梦》，载《思想理论教育导刊》，2013年第10期，第107—109页。

柴尚金：《对当前世界社会主义运动三大热点问题的看法》，载《当代世界与社会主义》，2009年第2期，第63—67页。

常百灵、杨发航：《对"两个必然"当代困境的解读》，载《中国特色社会主义研究》，2010年第3期，第83—88页。

陈德民：《中国的和平发展与世界多极化》，载《思想理论教育导刊》，2007年第10期，第70—76页。

陈立民：《坚定理想信念努力实现"中国梦"——浅析国际化背景下的大学生理想信念教育》，载《思想教育研究》，2013年第8期，第9—11页。

陈亮、胡维建：《微博时代背景下加强大学生理想信念教育的思考》，载《晋城职业技术学院学报》，2013年第5期，第16—20页。

陈世润、熊标：《毛泽东理想信念观及其当代意义》，载《毛泽东邓小平理论研究》，2013年第3期，第47—51，92页。

陈万柏、张耀灿主编：《思想政治教育学原理》，北京：北京人民出版社2007年版。

陈锡喜：《当前意识形态工作面临的矛盾和加强意识形态工作思路的探索》，载《毛泽东邓小平理论研究》，2005年第5期，第65—68页。

陈先达、杨耕编著：《马克思主义哲学原理》，北京：中国人民大学出版社2010年版。

陈新、曾耀荣：《试论红色精神与党的思想建设之关系》，载《江西社会科学》，2011年第2期，第66—71页。

陈一收：《略论对大学生进行中国梦教育》，载《思想理论教育导刊》，2013年第12期，第109—112页。

陈志军、浦解明、左益：《社会主义核心价值体系融入大学生思想政治教育全过程研究》，北京：光明日报出版社2009年版。

程光泉主编：《全球化理论谱系》，长沙：湖南人民出版社2002年版。

"当代大学生理想信念教育研究"课题组：《大学生理想信念及教育现状调查分析报告》，载《学校党建与思想教育》，2008年第12期，第15—18页。

邓小平：《邓小平文选》（第1卷），北京：人民出版社1993年版。

邓小平：《邓小平文选》（第2卷），北京：人民出版社1993年版。

邓小平：《邓小平文选》（第3卷），北京：人民出版社1993年版。

杜晶波、张慧欣：《大学生社会主义核心价值观培育路径研究》，沈阳：东北大学出版社2014年版。

房玫:《关于在全球化进程中展示社会主义生命力的思考》,载《当代世界与社会主义》,2011年第1期,第84—87页。

房宁:《影响当代中国的三大社会思潮》,载《复旦政治学评论》,2006年第1期,第265页。

房正:《新民主主义革命时期中国共产党革命精神的当代价值》,载《赣南师范学院学报》,2014年第5期,第29—31页。

冯刚主编:《高校马克思主义大众化研究报告(2009)》,北京:光明日报出版社2009年版。

冯刚主编:《高校马克思主义大众化研究报告(2010)》,北京:光明日报出版社2010年版。

冯秀军:《新时空境遇中的当代大学生理想信念教育》,载《教学与研究》,2011年第4期,第14—18页。

〔美〕弗朗西斯·福山:《福山:历史的未来》,朱新伟译,载《社会观察》,2012年第2期,第21—23页。

耿国祥、王英梅:《如何理解世界多极化趋势在曲折中发展》,载《法制与社会》,2011年第26期,第221页。

龚自珍:《龚自珍全集(上)》,北京:中华书局1959年版。

《国家中长期教育改革和发展规划纲要(2010—2020年)节选》,载《教育科学论坛》,2017年20期,第3页。

韩华:《全球化背景下中国共产党人价值观研究》,北京:光明日报出版社,2010年版。

韩金明:《国际化背景下大学生理想信念教育的思考》,载《高教论坛》,2012年第4期,第13—16页。

侯燕:《2013年西方马克思主义研究述评》,载《山西高等学校社会科学学报》,2015年第3期,第6—10页。

胡锦涛:《胡锦涛文选》(第1卷),北京:人民出版社2016年版。

胡锦涛：《胡锦涛文选》（第2卷），北京：人民出版社2016年版。

胡锦涛：《胡锦涛文选》（第3卷），北京：人民出版社2016年版。

胡振良：《当代世界社会主义发展的若干趋势》，载《当代世界与社会主义》，2013年第3期，第23—29页。

黄波粼、刘霏：《大学生革命精神认同力研究》，载《当代青年研究》，2013年第1期，第117—120页。

黄凤志：《当代国际政治秩序特征探析》，载《吉林大学社会科学学报》，2007年第6期，第32—38页。

黄蓉生：《论国际化背景下大学生理想信念教育》，载《高校理论战线》，2011年第4期，第31—35页。

黄亚玲、宫维明：《关于近年大学生理想信念教育研究现状分析》，载《思想理论教育导刊》，2011年第11期，第35—38页。

黄遵斌：《论红色精神与中国梦的内在逻辑》，载《求实》，2014年第3期，第89—92页。

黄遵斌、刘浔：《红色精神寓于大学生"精神成人"教育探析》，载《赣南师范学院学报》，2014年第2期，第65—68页。

贾建芳：《经济全球化背景下社会主义与资本主义的关系》，载《思想理论教育导刊》，2006年第7期，第58—62页。

江泽民：《江泽民文选》（第1卷），北京：人民出版社2006年版。

江泽民：《江泽民文选》（第2卷），北京：人民出版社2006年版。

江泽民：《江泽民文选》（第3卷），北京：人民出版社2006年版。

江泽民：《论有中国特色社会主义（专题摘编）》，北京：中央文献出版社2002年版。

姜在东、欧阳鹏飞、熊淑华、项波：《"八一精神""井冈山精神""苏区精神"在民族复兴中国梦宣传教育中的作用研究》，载《江西青年职业学院学报》，2013年第5期，第6—8页。

金文斌：《人文关怀视野下大学生健康社会心态的培育》，载《思想理论教育导刊》，2014年第3期，第116—118页。

金艳芬：《论高校革命传统教育》，载《吉林师范大学学报（人文社会科学版）》，2008年第6期，第103—105页。

靳晓芳：《全球化进程中人的个性化》，北京：民族出版社2006年版。

孔德永：《当代我国主流意识形态认同建构的有效途径》，载《马克思主义研究》，2012年第6期，第91—99页。

孔祥富：《经济全球化与当代资本主义矛盾的发展趋势》，载《马克思主义研究》，1999年第4期，第26—27页。

寇清杰：《共产主义理想与中国梦》，载《思想理论教育导刊》，2014年第10期，第4—6，12页。

李兵、刘静：《国际化视野中的中国特色社会主义道路》，载《当代世界与社会主义》，2010年第5期，第81—83页。

李达军：《大众化教育视阈下大学生思想政治素质教育探究》，载《亚太教育》，2016年第31期，第72—73页。

李国平、周宏：《金融资本主义全球化——实质及应对》，载《马克思主义研究》，2014年第5期，第53—60页。

李家祥：《全球化时代维护国家利益与维护全人类共同利益的一致性》，载《中北大学学报（社会科学版）》，2010年第2期，第63—67页。

李洁、黄斌：《马克思对社会主义的原则性建构析论》，载《理论导刊》，2014年第5期，第41—43，51页。

李景治、林甦主编：《当代世界经济与政治（第5版）》，北京：中国人民大学出版社2013年版。

李娜、张迪、王广友：《新时期大学生理想信念现状及其教育对策探析》，载《河北农业大学学报（农林教育版）》，2012 年第 3 期，第 72—75 页。

李青：《论马克思的国家理论》，载《文教资料》，2011 年第 28 期，第 98—99 页。

李淑珍：《当代资本主义的新变化及其影响》，载《思想理论教育导刊》，2012 年第 5 期，第 64—67，105 页。

李淑珍：《近年来国外关于世界多极化和世界格局问题研究观点综述》，载《思想理论教育导刊》，2008 年 2 期，第 58—63 页。

李太平：《全球问题与德育》，武汉：华中科技大学出版社 2002 年版。

李炜：《多元文化背景下大学生民族精神的培养》，载《中国高等教育》，2006 年第 11 期，第 63 页。

李霞：《论红色文化与社会主义核心价值体系的内在逻辑关系》，载《求实》，2014 年第 3 期，第 93—96 页。

李晓东：《全球化与文化整合》，长沙：湖南人民出版社 2003 年版。

李兴：《"多极化"、"全球化"、"一体化"关系辩证》，载《武汉大学学报（哲学社会科学版）》，2007 年第 5 期，第 757—762 页。

李中学：《长征精神在中国梦宣传教育中的价值探析》，载《青年教育》，2013 年第 10 期，第 96—100 页。

梁茜：《以"中国梦"引领大学生理想信念教育》，载《学校党建与思想教育》，2014 年第 5 期，第 69—70，75 页。

林崇德、黄希庭、杨治良主编：《心理学大辞典》，上海：上海教育出版社 2003 年版。

林伟：《政治社会化与大学生理想信念教育》，杭州：浙江大学出版社 2014 年版。

林伟毅：《以中国梦推进大学生理想信念教育探析》，载《思想教育研究》，2014年第1期，第57—60页。

刘嘉秀：《应对世贸组织规则推进我国教育法治建设进程》，载《理论导刊》，2006年第2期，第67—68页。

刘建军：《信仰书简——与当代大学生谈理想信念》，北京：中国青年出版社2012年版。

刘明合：《交往与人的发展》，北京：中央编译出版社2008年版。

刘娜：《全球化进程中的意识形态问题研究》，北京：知识产权出版社2013年版。

刘师贤：《主流意识形态对90后大学生的影响及其引领路径研究》，载《教育教学论坛》，2014年第46期，第76—78页。

刘学申：《论中国革命精神的内涵及时代价值》，载《井冈山大学学报（社会科学版）》，2014年第3期，第23—27页。

刘泽雨：《论科学精神与人文精神的互动》，载《社会科学》，2003年第2期，第85—89页。

陆铭、朱振林：《大学生社会主义核心价值观教育论略》，载《思想理论教育导刊》，2014年第8期，第106—108页。

路日亮、范文：《全球化与人的发展》，银川：宁夏人民出版社2006年版。

吕丹：《"中国梦"在当代大学生理想信念教育中的引领作用》，载《教育理论与实践》，2014年第12期，第32—33页。

罗佳、李辉：《当代大学生理想信念形成的主要矛盾及成因分析》，载《思想教育研究》2010年第11期，第40—43页。

罗敏：《大学生党员真正在思想上入党问题的研究》，载《中央四川省级机关党校学报》，2014年第2期，第70—73页。

骆郁廷主编：《当代大学生思想政治教育》，北京：中国人民大学出版社2010年版。

马克思、恩格斯:《马克思恩格斯文集》(第1—10卷),中共中央马克思恩格斯列宁斯大林著作编译局编译,北京:人民出版社2009年版。

马克思、恩格斯:《马克思恩格斯选集》(第1卷),中共中央马克思恩格斯列宁斯大林著作编译局编译,北京:人民出版社1995年版。

马克思、恩格斯:《马克思恩格斯选集》(第2卷),中共中央马克思恩格斯列宁斯大林著作编译局编译,北京:人民出版社1995年版。

马克思、恩格斯:《马克思恩格斯选集》(第3卷),中共中央马克思恩格斯列宁斯大林著作编译局编译,北京:人民出版社1995年版。

马克思、恩格斯:《马克思恩格斯选集》(第4卷),中共中央马克思恩格斯列宁斯大林著作编译局编译,北京:人民出版社1995年版。

马振清:《经济全球化与当代社会主义意识形态建设》,载《当代世界与社会主义》,2007年第1期,第43—46页。

毛泽东:《毛泽东选集》(第1卷),北京:人民出版社1991年版。

毛泽东:《毛泽东选集》(第2卷),北京:人民出版社1991年版。

毛泽东:《毛泽东选集》(第3卷),北京:人民出版社1991年版。

毛泽东:《毛泽东选集》(第4卷),北京:人民出版社1991年版。

庞桂甲:《浅析以"中国梦"统领大学生理想信念教育》,载《山西高等学校社会科学学报》,2013年第5期,第66—69页。

庞兰芝:《当代资本主义基本矛盾再认识》,载《中国延安干部学院学报》,2012年第5期,第47页。

彭绪琴:《当代大学生理想信念教育研究》,北京:中共中央党校出版社2008年版。

饶银华:《论党的第三代领导集体的世界多极化思想》,载《毛泽东思想研究》,2005年第1期,第118—121页。

人民日报社评论部编著:《"四个全面"学习读本》,北京:人民出版社 2015 年版。

〔美〕塞缪尔·亨廷顿：《文明的冲突与世界秩序的重建》，周琪译，北京：新华出版社 1998 年版。

沈永福、王茜：《金融危机引发西方学者对个人主义的深刻反思》，载《红旗文稿》，2014 年第 7 期，第 27—30，1 页。

时万青、任贝贝：《当代大学生社会主义制度认同与制度自信》，载《山西高等学校社会科学学报》，2015 年第 3 期，第 24—26 页。

舒志定：《人的存在与教育——马克思教育思想的当代价值》，上海：学林出版社 2004 年版。

宋晓军、王小东、黄纪苏、宋强、刘仰：《中国不高兴——大时代、大目标及我们的内忧外患》，南京：江苏人民出版社 2009 年版。

宋妍：《加强大学生中国精神教育探究》，载《思想理论教育导刊》，2014 年第 7 期，第 87—90 页。

苏晓龙：《关于国际意识的理论思考》，载《山东社会科学》，2011 年第 4 期，第 61—68 页。

孙建青、周向军：《当代大学生核心价值观的科学构建》，载《思想理论教育导刊》，2014 年第 3 期，第 100—104 页。

孙士连：《马克思全球化思想研究述评》，载《天府新论》，2009 年第 6 期，第 41—42 页。

孙亚军、果文力：《加强思想政治教育的理想信念》，载《中国集体经济》，2011 年第 19 期，第 175 页。

孙正聿：《理想信念的理论支撑》，长春：吉林人民出版社 2014 年版。

唐盛昌：《我国高中引入国际课程应关注的几个问题》，载《教育发展研究》，2010 年第 22 期，第 12—19 页。

陶文昭：《习近平总书记系列重要讲话的几点学习体会》，载《思想理论教育导刊》，2014年第4期，第23—28页。

田永静、陈树文：《加强大学生社会主义核心价值观教育有效途径探究》，载《思想教育研究》，2010年第5期，第22—24页。

童春香：《当代大学生社会主义核心价值观认同的影响因素及实现路径》，载《湖南科技学院学报》，2015年第3期，第93—95页。

万光侠：《思想政治教育的人学基础》，北京：人民出版社2006年版。

万慧琳、王陈、刘珺：《多元文化背景下大学生理想信念教育的境况及对策探讨》，载《考试周刊》，2011年第80期，第83—88页。

万俊人：《信仰危机的"现代性"根源及其文化解释》，载《清华大学学报（社会科学版）》，2001年第1期，第22—29页。

王从江、盖艳红：《经济全球化、文化冲突与大学生思想观念的培育》，载《边疆经济与文化》，2007年第5期，第139—140页。

王钧伟：《信仰永恒——中国共产党人的故事》，南昌：江西人民出版社2012年版。

王善田：《论经济全球化条件下培育大学生社会主义理想信念的重要意义》，载《党史文苑（学术版）》，2005年第1期，第75—76页。

王学军：《当代中国马克思主义面临的机遇与挑战》，载《思想理论教育导刊》，2013年第12期，第24—27页。

王亚非、杨直凡：《新形势下加强大学生思想政治教育的几点思考》，载《思想理论教育导刊》，2010年第8期，第98—101页。

王易：《增强"90后"大学生理想信念教育实效性的思考》，载《教学与研究》，2011年第4期，第19—22页。

王永贵：《论全球化背景下我国主流意识形态建设的实践形式》，载《社会主义研究》，2007年第6期，第31—33页。

王永智：《新形势下大学生形势与政策教育的调查研究》，载《思想理论教育导刊》，2014 年第 2 期，第 96 页。

王志彦：《经济全球化的表现、动因及其影响》，载《企业改革与管理》，2015 年第 6 期，第 106 页。

魏曼华：《当代社会问题与青少年成长》，福州：福建教育出版社 2005 年版。

吴潜涛：《正确理解理想信念的科学含义》，载《教学与研究》，2011 年第 4 期，第 5—9 页。

武进：《中国梦与大学生理想信念教育创新》，载《思想教育研究》，2014 年第 3 期，第 61—64 页。

武治宋：《多元文化背景下大学生理想信念教育的思考》，载《辽宁大学学报（社会科学版）》，2012 年第 1 期，第 74—76，96 页。

《习近平就高校党建工作作出重要指示强调 坚持立德树人思想引领 加强改进高校党建工作》，载《教育现代化》，2014 年第 2 期，第 54 页。

习近平：《决胜全面建成小康社会 夺取新时代中国特色社会主义伟大胜利》，载《人民日报》，2017 年 10 月 28 日，第 1 版。

习近平：《决胜全面建成小康社会　夺取新时代中国特色社会主义伟大胜利——在中国共产党第十九次全国代表大会上的报告》，北京：人民出版社 2017 年版。

习近平：《习近平谈治国理政》（第 1 卷），北京：外文出版社 2018 年版。

习近平：《习近平谈治国理政》（第 2 卷），北京：外文出版社 2018 年版。

习近平：《用共同理想信念凝聚民族意志 用中国精神激发中国力量》，载《人民日报》，2014 年 10 月 1 日，第 2 版。

习近平：《在党的十九届一中全会上的讲话》，载《当代党员》，2018 年第 2 期，第 4—9 页。

习近平：《在纪念五四运动 100 周年大会上的讲话》，载《人民日报》，2019 年 5 月 1 日，第 2 版。

夏道玉、左雪松：《网络生存背景下大学生理想信念教育模式建构》，载《四川理工学院学报（社会科学版）》，2013 年 2 月第 1 期，第 92—96 页。

向红：《后危机时代中国深度融入经济全球化的挑战与对策》，北京：人民日报出版社 2014 年版。

向延仲：《论经济全球化下的理想信念教育》，载《湖南商学院学报》，2001 年第 4 期，第 88—89 页。

谢玉泉、程峰、宋剑峰：《大力提升海军高中级领导干部的国际政治素质》，载《政工学刊》，2010 年第 11 期，第 63—65 页。

徐俊川：《论当代 90 后大学生的理想信念教育》，载《湖北社会科学》，2011 年第 10 期，第 191—193 页。

徐艳萍：《利用红色资源加强青少年革命传统教育》，载《当代青年研究》，2008 年第 5 期，第 23—26 页。

徐志远：《论科学精神与人文精神的关系》，载《广东社会科学》，2001 年第 6 期，第 32—39 页。

徐作辉：《简述马克思的国家观与社会观》，载《辽宁省交通高等专科学校学报》，2007 年第 3 期，第 69—70 页。

阎学通：《国际规则制定权与中国的位置》，载《世界知识》，2002 年第 6 期，第 38—43 页。

颜吾佴、孔琳：《大学生的自我认知与理想信念》，北京：北京交通大学出版社 2007 年版。

杨立华：《世界格局变化与中非合作》，载《当代世界》，2013 年第 8 期，第 29—32 页。

杨立英、曾盛聪：《全球化、网络化境遇与社会主义意识形态建设研究》，北京：人民出版社 2006 年版。

杨林香：《大学生"制度自信"的支撑要素及制约因素分析》，载《思想理论教育导刊》，2015 年第 4 期，第 109—113 页。

杨增崟：《国际化背景的新变化与高校思想政治教育创新发展》，载《思想理论教育导刊》2015 年第 1 期，第 102—106 页。

杨芷英主编：《思想政治教育心理学》，北京：中国人民大学出版社 2014 年版。

余静，袁惠仪：《马克思全球化与人的全面发展理论对人的发展的双重观照》，载《广东社会科学》，2010 年第 3 期，第 59—63 页。

俞遂：《世界多极化问题概说》，载《思想理论教育导刊》，2008 年第 2 期，第 54—57 页。

喻新安：《"四个全面"战略布局的理论意义》，载《理论导报》，2015 年第 3 期，第 15—17 页。

元林：《国际化进程中思想政治教育发展样态研究》，载《思想教育研究》，2013 年第 4 期，第 13—16 页。

袁寒：《党的领导人论中国革命精神》，载《科学咨询》，2012 年第 34 期，第 9—10 页。

张家伟：《2016 年"QS 世界大学学科排名"显示：中国 7 所高校 65 个学科进入全球前 50 名》，载《陕西教育（高教）》，2016 年第 4 期，第 29—30 页。

张金霞：《当代资本主义政治危机与社会主义民主政治的发展》，载《走进社会科学》，2014 年第 9 期，第 131—136 页。

张静：《多元文化时代大学生马克思主义信仰的困境解析与路径选择》，载《河南商业高等专科学校校报》，2014 年第 4 期，第 85—89 页。

张泰城：《论红色资源融入思想政治理论课教学的有效途径》，载《思想理论教育导刊》，2011 年第 12 期，第 69—71 页。

张伟:《当代大学生国家利益观教育的思考》,载《湖南社会科学》,2014年第1期,第236—239页。

张艳新、武慧娟:《当代大学生理想信念存在的问题、原因及对策探讨》,载《黑龙江高教研究》,2007年第12期,第142—144页。

张耀灿、郑永廷:《思想政治教育学》,北京:北京人民出版社2006年版。

张瑜、杨增崇:《大学生中国特色社会主义理想信念教育的研究现状、问题与对策》,载《思想教育研究》,2009年第2期,第37—40页。

张月、张雪颖:《评恩格斯关于国家消亡的观点》,载《淮北职业技术学院学报》,2012年第4期,第1—2页。

张喆:《马克思国家消亡理论浅析》,载《商品与质量:理论研究》,2012年第2期,第126–126页。

赵欢迎、吴峰、刘莉、董晓丽、董琳琳:《"当代大学生特点及环境影响"研究报告》,载《思想理论教育导刊》,2010年第1期,第108—112页。

赵书:《"90后"大学生理想信念教育存在的问题及对策刍议》,载《思想理论教育导刊》,2013年第7期,第138—140页。

郑敏:《增强大学生理想信念教育有效途径的思考》,载《思想理论教育导刊》,2014年第5期,第116—118页。

郑永廷、李雪如:《大学生思想政治教育前沿难题研究》,载《思想理论教育导刊》,2013年第9期,第112—116页。

《中共中央关于构建社会主义和谐社会若干重大问题的决定》,载《时政文献辑览》,2007年第00期,第33—47页。

中共中央文献研究室:《十二大以来重要文献选编》,北京:中央文献出版社2011年版。

中共中央宣传部:《习近平总书记系列中央讲话读本》,北京:学习出版社、人民出版社 2014 年版。

中共中央宣传部理论局：《世界社会主义五百年》，北京：党建读物出版社、学习出版社 2014 年版。

钟发亮：《"90 后"大学生理想信念教育途径探究》，载《思想理论教育导刊》2011 年第 12 期，第 107—110 页。

周春明：《经济全球化与新时代中国特色社会主义的前景》，载《思想理论教育导刊》，2003 年 11 期，第 84—87 页。

周新城：《关于世界金融危机的几点思考》，载《思想理论教育导刊》，2010 年第 1 期，第 54—60 页。

朱炳元：《马克思全球化思想研究》，载《苏州大学学报（哲学社会科学版）》2006 年第 6 期，第 1—5 页。

朱成全：《论科学精神和人文精神的关系》，载《科学技术与辩证法》，2003 年第 3 期，第 13—15 页。

朱志明：《正确引导大学生树立中国特色社会主义共同理想》，载《思想理论教育导刊》，2007 年第 10 期，第 53—55 页。

朱宗友：《"三不"反腐机制思想及其对实现中国梦的意义》，载《马克思主义研究》，2016 年第 7 期，第 33—39 页。

祖嘉合：《论当代大学生社会共同理想的教育和引导》，载《思想理论教育导刊》，2012 年第 7 期，第 50—54 页。

左鹏：《科学引导大学生树立中国特色社会主义共同理想》，载《思想政治教育研究》，2009 年第 4 期，第 33—35，5 页。